你不知道的育儿之秘系列

你知道
如何
宠爱宝宝吗？

[德] 尤利娅·迪邦 Julia Dibbern 著

宋倩文 译

西苑出版社

·北京·

绿色印刷 保护环境 爱护健康

亲爱的读者朋友：

本书已入选"北京市绿色印刷工程——优秀出版物绿色印刷示范项目"。它采用绿色印刷标准印制，在封底印有"绿色印刷产品"标志。

按照国家环境标准（HJ2503-2011）《环境标志产品技术要求 印刷 第一部分：平版印刷》，本书选用环保型纸张、油墨、胶水等原辅材料，生产过程注重节能减排，印刷产品符合人体健康要求。

选择绿色印刷图书，畅享环保健康阅读！

北京市绿色印刷工程

Verwöhn dein Baby nach Herzenslust by Julia Dibbern
Copyright © 2014 Beltz Verlag in the publishing group Beltz·Weinheim Basel
This edition first published in China in 2019 by Xi Yuan Publishing House, Beijing
Simplified Chinese edition © 2019 Xi Yuan Publishing House

版权代理： 北京华德星际文化传媒有限公司

著作权合同登记号 图字：01-2019-7559

图书在版编目（CIP）数据

你知道如何宠爱宝宝吗？/（德）尤利娅·迪邦著；宋倩文译. -- 北京：西苑出版社，2018.3
　ISBN 978-7-5151-0631-1

Ⅰ. ①你… Ⅱ. ①尤… ②宋… Ⅲ. ①幼儿教育—家庭教育 Ⅳ. ① G781

中国版本图书馆 CIP 数据核字（2017）第 286218 号

你知道如何宠爱宝宝吗？
NI ZHIDAO RUHE CHONG'AI BAOBAO MA？

出 版 发 行	西苑出版社
通 讯 地 址	北京市朝阳区和平街 11 区 37 号楼 邮政编码：100013
电　　　话	010-88636419
印　　　刷	三河市嘉科万达彩色印刷有限公司
经　　　销	全国新华书店
开　　　本	880 毫米 ×1230 毫米 1/32
字　　　数	167 千字
印　　　张	7.25
版　　　次	2020 年 1 月第 1 版
印　　　次	2020 年 1 月第 1 次印刷
书　　　号	ISBN 978-7-5151-0631-1
定　　　价	42.80 元

（图书如有缺漏页、错页、残破等质量问题，由印刷厂负责调换）

序　言

　　拥有幸福的人生，是每一位做父母的对初生的孩子最殷切的祝福与期望，而在成长过程中所发展出来的健康的身心以及健全的人格，将会为幸福人生奠定坚实的基础。

　　可是在育儿过程中，我们因为不了解而常常误读孩子发出的信号，因而提出的解决方案会在一定程度上影响孩子的发展。例如：对于婴儿的哭泣，成人常常会按照自己的理解给他们贴上"不乖"、故意捣乱的标签。但其实真相很简单，只是因为孩子饿了，困了，尿了。我们会因为不了解孩子而简单轻率地对待他们，因此导致他们错过了许多关键发展的阶段。

　　我二十来岁的时候，住在对门的阿姨是一位著名作家，她有很多出国、出省交流访问的机会。她家有两个孩子，大的十来岁，小的一两岁。每次出去她却选择尽量带大的孩子。一次闲聊中，她说："小的孩子这个年纪懂什么？带她出去，她又看不懂、记不住，挺浪费的。"这里要特别说明下，这个阿姨并非重男轻女，人的男孩并非他亲生，小的女孩才是亲生的闺女。虽然我记忆力不太好，可大概源于对这位阿姨的崇拜，她的这个观点却已深入我心。等到我有孩子的时候，这句话重又浮现在脑海中，不同的是，我开始重新审视它。

　　初为人母的我，仔细观察着怀中这个不会说话、行动有限的婴儿，我迫切的想知道，面对这个未知的世界，在每一分一秒的时光流转中，他的内在到底发生了什么？我们这些"代际遗传"的传统的育儿经验和方法，哪些是在帮助他，而哪些却成为他发展的障碍？除了这些，我还需要为他做些什么？我还需要更多的了解些什么？为了这个被我懵懵懂懂地带到世界的小生命，我愿意倾尽全力，担负起这份被命运赋予的责任。但我更希望，我能够拥有正确的方式。

想必有缘读到这的父母都是源于同样的想法，我想这个系列丛书也不会辜负你们这趟阅读的旅程。这套书是我三年前就从德国的众多育儿书籍中发现并决定引进的，我对幼教图书的要求非常明确：它既不能是枯燥晦涩的理论说教，更不能是那种特殊极端的"牛娃"养成经验谈。在我看来，作者一定要有医学、教育学、心理等专业研究背景，文章要有大量的实践为基础，结论是有数据支撑的研究结果。而这套书籍就具备了这样的特点，它们的每一个观点都是建立在多年严谨的研究之上，都有着精确的数据和客观的实例支撑，是一套集医学、现代教育学、心理学、社会学为一体的育儿体系。

近十年的学前教育从业经验，让我有机会看到家长们和我当年相似的焦虑，更加深入地了解到了父母们真正的需求。但是图书出版市场上的育儿类书籍鱼龙混杂，作为一位有着八年出版经验的出版人以及实体学前教育机构的实际运营者，有责任为父母挑选更科学、更专业的育儿读物。这套书籍不仅提供给爸妈们可操作性的实用育儿方法，更从宝宝身心发展的各个层面深度剖析，将宝宝所呈现出来的行为、情绪等问题的原因以深入浅出的方式描述出来。

希望这套书没有辜负你们的期待，希望我们能够有机会继续帮助天下所有初为人母（父）的你们。

乔吟

2019年9月9日

目 录

1 在一个陌生的国度遨游
001

003　● 是是是
006　● 像初恋一样

2 宠爱版块
009

010　● 好好地宠爱
015　● 关于快速满足孩子的基本诉求所产生的愉悦感
016　● 关于快速满足孩子基本诉求的必要性

① 亲近
018

019　● 婴儿天生喜欢与人亲近
022　● 经历是可遗传的
024　● 遗传中的应对
028　● 吵闹比乖要好
030　● 沉醉在舒适感中的孩子
031　● 学习应激反应
033　● 我要怎么知道，我的孩子需要什么呢

I

目 录

- 033 ● 请相信你的孩子
- 034 ● 联系是可以增强的
- 035 ● 学会参与（婴儿天生喜欢与人亲近）
- 036 ● 我想要回原来的生活
- 037 ● 珍惜在一起的时间
- 039 ● 亲近和爱是最重要的
- 040 ● 没有任何一位妈妈是完美的
- 041 ● 是的，但是……

045 ② 宠爱从孩子出生前就开始了

- 046 ● 外面的明信片
- 049 ● 怀孕不是生病
- 053 ● 幸福的妈妈
- 057 ● 标准检查和个人责任
- 061 ● 庆祝新生命

063 ③ 安全生产

- 064 ● 破裂的梦
- 070 ● 其他动物是如何分娩的
- 071 ● "织着毛衣的"助产士可以拯救世界

073	● 我们出生的方式很重要
078	● 出生地点
081	● 分娩计划
083	● 分娩陪护
085	● 分娩之后
086	● 皮肤与皮肤接触
089	● 剖宫产分娩的母子关系

④ 优质温暖的母乳

092	
093	● 灵丹妙药
095	● 哺乳的十大好处
101	● 学会哺乳
109	● 爸爸和哺乳
110	● 哺乳一般持续多长时间
114	● 有时候命运为我们提供了不同的计划
118	● 纯母乳喂养之后
123	● 是的，但是……

目 录

⑤ 睡觉 ... 128

- "怎么样，他睡着了吗？" ... 128
- "呦，我不会这么做的！" ... 131
- 到底什么时候宝宝才会持续睡整晚 ... 137
- 是的，但是…… ... 138

⑥ 活动中的宝宝 ... 144

- 猴妈妈 ... 144
- 这样就放松了 ... 147
- 奢华的宠爱项目：皮肤贴皮肤 ... 149
- 多长时间 ... 150
- 是的，但是…… ... 151

⑦ 让屁屁呼吸 ... 158

- 舒适的尿布时期 ... 158
- 第三种选择 ... 163
- 晚上到底该怎么做呢 ... 175
- 什么时候我的孩子就学会如厕了 ... 176
- 是的，但是…… ... 177

⑧ 安慰与倾听
183

- 哭的人需要安慰 — 184
- 当我的宝宝哭的时候，我应该怎么做 — 185
- 有的宝宝就是非哭不可 — 187
- 为什么有的宝宝要哭 — 190
- 是的，但是…… — 193

⑨ 辅助父母
195

- 他需要一个村庄 — 196
- 其他动物怎么做 — 198
- 科学是这样说的 — 203
- 是的，但是…… — 211

3 希望你旅途愉快
215

鸣谢
218

1

在一个陌生的
国度遨游

你在等待宝贝降生吗?
你是刚成为新手父母吗?
如果是,那么恭喜你,同时也希望你与宝贝
相处的每个瞬间都充满魔力!

如果你还在为下列这些问题所困扰：

我以后的生活会是什么样子？

我需要准备什么？

我要怎样给孩子喂食、哄孩子睡觉？

不要担心，本书将会帮助你找到与孩子相处的最佳方法，每个家庭都有自己独特的家庭生活方式，当然，你的家庭也不例外。

你即将进入一个对你来说完全陌生的国度，而现在的你也已经迈出了第一步，这个国度就是你成了父（母）亲。在这个国度里，到处都是奇遇、感动与爱，当然有时也会有痛苦和泪水，但这是一个有魔法的国度，它能够让遨游其中的每个人适应并喜欢这里。有的人可以凭直觉在这个国度走下去，但还有一些人（其中就包括我）则喜欢借助"指南针"和"地图"，而且我们也乐于在拐角的地方接受过来人善意的问候和指导。除了"指南针"和"地图"，有时候"路牌"也可以给我们提示，指引我们走向隐蔽的洞穴，这些洞穴里可能遍布珍宝。如果没有指引，我们很有可能会错过这些珍宝。

你刚刚发现的这个崭新的国度，其中的许多条条框框与我们所处社会的规则并不相同，原因在于，这个国度属于现在和未来，而我们所处的社会则充斥着过去的经历和创伤。

在这个为人父母的魔法国度里，有的路途会让你很幸福，很有成就感，比如说你的宝贝吃得饱饱的，穿得暖暖的……总之就是你在宠爱着你的宝贝的同时，你也会很幸福。而如果有一条路让你觉得十分辛苦，那么你就该意识到，这条路可能并不正确。

我很幸运，在我的人生之路上刚好找到了隐藏的"指示牌"，它们赐予了我一段开心、美妙的冒险，尽管那时的"指示牌"并不常见。我要感谢那段时间许多母亲、助产士和医生给予我的大力帮助以及无私奉献。

在本书中，我为你总结了上述提到的"人生指示牌"。

是是是

验孕棒上显示两条线！我兴高采烈地从我们小房子的卫生间跑出来，万幸的是脑袋没有撞到阁楼的斜屋顶上。

我早就意识到我可能怀孕了，三天前我已经测过一次，但是结果让人失望。我觉得很委屈，因为我觉得测验结果可能出了差错（尽管如此，我还是选择相信它）。但是三天后的这次结果让我看到了我想看到的。怀孕了！真的怀孕了！对于如何做父母，我们还没有很多的规划，但这一定是我们希望和期待的事情。我们还不知道，我们将要面临什么事情，只知道一个晚上的时间我们就决定好了，当下就是孩子到来的最合适时间。

第二次的测验证实了我的感觉，也就是说我的肚子里确实有一个小生命在长大，我像大多数德国妈妈一样，当孕检结果表明怀孕的时候，我去看了妇科医生，在那之后又心不在焉地去上班。这一整天我都没办法集中精力，甚至接下来的好多天我都没有彻底消化这个消息。

孩子！

之前毫无概念的一个文字符号突然之间变得很真实。

孩子意味着什么呢？

我的生活又将变成什么样子呢？

我和我老公的关系会怎样呢?

我们要成为父母了!

在接下来的日子里,我渐渐地接受了这个惊喜,与此同时,宝宝的存在却变得不怎么真实了,因为我几乎感觉不到他的存在(直到我开始时不时地孕吐,我才对怀宝宝这件事有了真实感)。我总是用理智告诉自己,我怀孕了,一切马上就要变得不一样了,我从现在开始不仅仅要对自己负责,还要对我体内的这个小生命负责。一些分裂的细胞成长为一个婴儿,当这样一个奇迹发生在我体内的同时,我也在忙于准备迎接我的宝贝。

可是我又突然想起,在我已有的认知里做新手父母有多么令人焦头烂额,从我的闺密身上就能够看出这一点。她来我们家的时候,那会儿她的女儿才几周大,当时的场景我到现在都还记忆犹新:我们聊天的时候,她基本上每句话都听不到结尾,只要她女儿发出声音,她的全部注意力就都放在了孩子身上;每天晚上孩子一哭就得过去;她的丈夫会把孩子抱在怀里,孩子一哭,就晃动胳膊,就像是没有声音的气锤。

我想,如果人们在谈到这一切的时候没有那么神色紧张,也没有大肆夸大关于孩子的事情,那么当妈妈这件事看起来还是自由的。因为在我看来,孩子应该是在电影里、女性杂志上以及牙医候诊室里看到的那个样子:看起来玲珑可爱,闻起来芳香甜腻,最重要的是软萌无害,省心乖巧。

我又想起另一位朋友,她当时一坐完月子就给自己放了一个大假去旅行,那时候我还尚不理解,觉得她也许太急于给自己放假旅行了,直到我有了同样的经历之后,我才理解了她何以如此。她在离家五百公里外的地方就开始想家,想念她的"根",想念她的亲朋好友，想念那些永远在她身边保护她不受尘世所扰的亲人。当时我对此也很是不能理解，我只知道，我陪她共同经历的那些事情，不值得我模仿和学习。

随着时间的推移，我的房间里挂着越来越多的尿布和白T恤，这一切对我这个过惯了"双收入无孩子"阶段的人来说简直太可怕了！此刻的我丧失了所有的第六感，脑子里只剩下尿布上的号码！不！绝不！

还有一位朋友，她几个月前刚有了宝宝，但是过得却很潇洒，宝宝基本上不会影响到她。跟这样的朋友在一起我们至少可以进行一些活动——打牌或者傍晚一起出去走走。所以我也希望自己能够过得轻松，不用把全部的时间放在孩子身上。

理论和现实总是有差距的，当新生命在我体内茁壮成长的时候，我完全没有想到，体内的激素也开始了它们的魔法创作。渐渐地，宝宝开始接受我的世界，我也在工作间隙经常浏览新手父母网站，直到被老板发现并限制了我的权限。

我迫切地想要知道关于宝宝应该知道的所有的一切，网络成了我最好的途径。慢慢地，我发现除了新手父母网站，还有其他的网站可以供我参考，这些网站信息繁多，让我受益匪浅！比如，怀孕期间不能吃生鱼片（我本来也不吃生鱼片）；怀孕时应该补充叶酸（我已经让我的妇科医生给我开了叶酸）；怀孕时不能提重物……我不做挑选地汲取所有的信息，无论信息的来源是否可靠，我只想要做一个好妈妈。慢慢地，我开始懂得去其糟粕、取其精华，不再一味地全部吸收，而是有针对性地挑选其中对我有利的信息。

在世纪之初涌现的信息潮，其中所谓的经验之谈，对新手父母来说，并不是完全适用，在这里，我筛选了其中的一部分，而我选择的原则主要是：怎样尽可能地帮助你和你的宝贝建立坚定牢固的联系；怎样能保证你幸福安全的生活状态；怎样能够让你和你的宝贝度过一段美好的时光。接下来我要提到的这些所谓的"路牌"，应该能带领你驰骋在新手父母这个陌生的国度。

当时对我有所帮助的人或忠告之所以富有价值，是因为在我怀孕的时候，我对于宝宝需要什么以及有了宝宝代表什么等问题一无所知，我不了解也不熟悉孩子，在我怀孕之前的生命里几乎就没有小孩子。

虽然我们的文化包容着形形色色的家庭模式，但是这些家庭模式是有共同之处的。其共同之处就在于，在我们有自己的孩子之前，我们几乎跟婴儿和小孩子毫无瓜葛，当然有的人会跟兄弟姐妹、邻居家小孩或是亲戚家小孩接触，但即便如此，也不会有实质性的影响。也就是说，当我们开始进入家庭生活的时候，我们中的大多数人对此都一无所知，一提到小宝宝，我们一般会想到电视里软软嫩嫩的小娃娃、飞机上扰民烦人的哭喊或者晃晃悠悠的婴儿车里那无助的啜泣。

我对我的宝宝同样毫无把握，甚至还有点恐慌紧张，因为我突然冒出了很多想法和感受，那就是还要学很多新东西。

像初恋一样

宝宝刚来到这个世界上的时候，我在短短几天之内就已经对他着了迷，每一分每一秒都想跟他在一起。我无时无刻不想着看看他，闻闻他，抓抓他的小手，惊讶于他小小的嘴巴。我的举动是否让别人受不了，这对我来说无所谓，因为我觉得这种情况很安全也很正常，我全心全意地爱着这个孩子并为他着迷，体内的荷尔蒙泛滥，我无法思考别的事情，就像是情窦初开一样。

我对我儿子的爱日益增长，只想整天陪在他身边，哪里都不想去，只想时刻关注着他是否安好。这世上除了他和我，好像再也没有别的更重要的事情了。

孩子的世界我们是很难去领会和捉摸的。 不知道你还记不记得，你最好的朋友第一次热恋是什么样子？每思及此，我都觉得不可思议，我也完全不能理解，为什么她总是会关注她喜欢的对象，给他打电话，总是围在他身边。我想这种感觉只可意会无法言传，只有真的经历了那种荷尔蒙的吸引才能够理解。荷尔蒙影响了我们很多的举动，我们对宝宝的感受和举动也是如此，如果没有真正经历过，很难去领会这种感觉：父母的心被孩子完全占据，想方设法地满足孩子的所有需求，完全不介意他是不是耽误了你睡觉，是不是咬到了你的胸部或者弄脏了你的 T 恤。

所有的这些事情单从理论上是学不来的，不能纸上谈兵，但其中有一点是可以肯定的：如果你非常非常爱你的孩子，那么这些都是完全正常的。

时光荏苒，眨眼间，他已经从一个婴儿长成了十二岁的小小少年，已经会说流利的英语，贪玩调皮，可以自己玩飞机玩具，他总有一天会变成闪闪发光的男人。最令人不可思议的是，直到如今我仍然热恋着、深爱着他。我也总是会觉得，我们现在所处的阶段就是最好的阶段。有时候我会想：十二年之后，我想对刚刚成为妈妈时候的自己说些什么呢？如果再有一次机会，我还会做同样的事情吗？今天的我会有不同的选择吗？

每当我看着我的儿子，我的心里总是盛满爱意与感恩，感恩于我们何其幸运，在恰当的时间遇上对的人给我们指引。在过去的十二年里，很多指引都帮助我们良多，而且准确恰当。

在后文，我将为您总结**九大"宠爱版块"**，这九部分经过许多父母认证，一定会对你有帮助：从验孕棒得到好结果的那一刻，到宝宝的营养摄入、睡姿、出行，再到你要出门加油的时候宝宝的看护问题等均有涉及。需要指出的是，我所总结的这些"宠爱版块"只是提供一些建议，并不是说必须这样，你可以视自身情况而定，选择一种最适合你家庭情况的道路，去期待一场美妙的冒险吧！

每个家庭都是不同的，但仍然存在一些经过证实的恒定的、可以普适的定律，这些定律总结起来就是两句话：**倾听你的宝贝的声音；相信你的宝贝。**

所谓的倾听和信任说来轻巧，做起来却并不容易。因为我们的社会总是给予年轻的家庭各种各样的建议，但是世上没有万能药，不是所有的建议都适合你。而我更侧重的是，帮助你更容易去倾听和信任孩子。下面开始行动吧！

宠爱版块

"如果有一天,美国总统要来家里做客,那么大多数人会花大力气收拾家里。如果总统的父母知道,他们的孩子有一天会成为美国总统,那么他们也许会为孩子竭尽所能,身边其他人为了孩子的幸福也会尽心尽力。如果我们做父母的都在孩子降生之后拿出同等的精力来对待自己的孩子,那世界会变成什么样子?总统或者国王理应得到美好、安全、安逸、充满爱意的生活,虽然我们并不都把自己的孩子当成总统或者国王来看待,但事实是,每个孩子都值得拥有那样的生活。"

——斯邦夫·斯默
《在我们中间》

▣ 好好地宠爱

别急，我们现在就像是在育儿的飞机滑行道上。在我们启程前，我们必须确保自己已经做好了安保措施。首先你必须知道，这本书会带你去哪儿。接下来的九个**"宠爱版块"**将从言行举止等方面入手，让父母和孩子尽情享受生活，因为这些建议都符合生物学的原则并且能够帮助他们建立和谐的关系。

正如每次旅行的时候你都会确认安全出口的位置一样，对于这本书你也必须知道：我介绍的版块中，没有任何一个版块可以一定确保你拥有理想的家庭生活，只能说，对于每一个版块，我们都有充分的理由相信其正面性。最重要的一点是，你要用自己的内心和理智来看待这些建议，请你选取你喜欢的并且适合你的建议，毕竟和谐的关系可以由各种各样的方式建立，而且和谐关系本身的界定也是视情况而定的。

在启程之初，我还是想跟大家探讨一下本书的主题。

☆ 何谓"宠爱"

对于成年人来说，**"宠爱／满足"**（Verwöhnen 这个词在德语中有"宠爱、娇惯、溺爱、纵容"等意思，即既有褒义也有贬义，故有了作者下文对于该词不同含义的探讨）这个词象征着愉快的事情，比如我们喝咖啡的时候会给自己买喜欢的口味，在喜欢的体验式酒店订喜欢的杂志等。总之，在成年人的世界里，这是一个很有吸引力的词。只是当这个词与孩子产生关联时，就显得有点贬义了。妈妈和奶奶说："把孩子一块带到床上吧！"爷爷会说："你不能总是第一时间跑过去，否则你就是在**溺爱**（Verwöhnen）孩子。"在这句话中，好像**"Verwöhnen"**这个词表示的是不好的、不正当的事情。

许多爸爸妈妈疲于应对这种耳提面命的形式。对待一个刚出生的小孩子，突然会感觉许多事情一下子变得不一样了。所有的一切都变得没有了把握，而周围的环境，这个我们本来可以从中寻求帮助的地方也让我们不知所措，因此，大多数还在摸索着前行的新手父母会很有挫败感。

本书涉及的"宠爱"这个词，百分之百是积极的含义，它是个褒义词。即使是年轻的父母，也会经常听到这样的话："你这样是溺爱你的孩子啊！"而且通常情况下说着这样的话来指责你的人都会皱着眉头，但其实宠爱孩子对孩子来说恰恰是一件好事。

遇到上面这种情况，你可以回以微笑并欢快地回答他："对啊，这让我们俩都很开心啊。"

宠爱孩子绝对是正确且可取的，一个真真正正被宠爱着长大的孩子比其他的孩子哭得少、睡得好、过得舒心，同时也更健康（平均情况来看）。长大以后，被宠爱着长大的孩子相比其他的孩子要更自立、坚强，也能更开放、宽容地迎接世界。

在本书中，有很多能够证明上述观点的例子。归根结底最为关键的，还是你内心深处真正觉得正确和舒服的处理方式，你现在应该开始相信你自己的感觉，因为你一定知道，什么才是对孩子好的事情。

为人父母的生活可能会很艰难，但是宠爱你的宝贝可以简化一切。因为你不再需要逆流行舟，只需要在荷尔蒙的浪潮中随心所欲地"游泳"就好。事实上,全心全意地宠爱你的孩子,不仅对你是件好事,对你的孩子也大有好处,这种好处会延续至你的后代。

你有没有这样的家人朋友,在你并未询问的时候就给你建议,而且他的建议还让你不敢苟同?如果你注意听,你也许会发现,一旦你稍微表现出不理解或否定,长辈就会表现出无法取得晚辈理解的遗憾。

☆ 为什么宠爱孩子会让你感觉很好

不知道你有没有去过体验式酒店?酒店里提供美味佳肴、温暖舒适的按摩浴缸、桑拿浴室和按摩推拿,酒店布置精美,设施完备,所以在那里你可以和爱人度过舒适、美好的时光。

温暖、按摩、美食,所有的这些享受都会对人体内的奖励机制产生积极影响,我们体内开始分泌催产素,与其说是催产素,倒不如说是缩宫素,这种激素对身体有利:它能够保护我们远离疾病,能够促进伤口愈合,能降血压并且能有效舒缓紧张感。从生理学上看,在你享受的瞬间会产生愉快的感觉。人类的进化也决定了让人有愉悦感的事情同时也是对未来的一项投资。通过宠爱孩子产生的愉悦感是可供父母使用的最可靠的"指南针"。和孩子同呼吸、共感受,一般情况下能让我们产生岁月静好的感觉。

☆ 如何理解"宠爱"

在我的第二故乡美国有这样一句民谚:你要宠爱她,直到她"变坏"为止。大多数情况下,这句话的含义是正面的,比如说这句话可以用来称赞那些总是送孩子礼物或很多时尚漂亮衣服的父母。这里的"宠爱"一词，指的是一种愉悦感，一种由于亲密的关系、信任和可靠产生的愉悦感。所谓的"宠爱孩子"，是指快速读懂孩子，满足孩子生理上和情感上的需求，和孩子保持沟通并常伴其左右。我之所以强调"快速"二字，是因为孩子亟待满足的需求会逐渐消失。事实表明，那些自己的基本需求得到满足的孩子，长大后不但不会变成"没有教养的、被宠坏的小孩"，反而会相信世界是美好的、友善的，同时他们也会友善地、开放地走向世界（还与个人天性有关）。与之相反，那些需求被忽略了的孩子，穷其一生都会生活在那些未被满足的需求的阴影下无法释怀。

发展心理学也表明，**那些在孩童时代需求被尽量满足了的人，之后会成长为更有自信、更有责任感和更独立的人。**由此可见，"宠爱"在这里是一件好的事情。

☆ 何谓"你的"

"你的孩子"并不是你的所有物，而只是一种职责和责任。这个小小的人儿，正甜睡在你的臂弯里，身上有着好闻的奶香味，他就是你的孩子，你创造了他，生育了他，你将和他一起生活并将朝夕相处。与此同时，你们会相互了解。也就是说，作为父母的你，才是照顾这个"生物"的真正的专家。这个专家既不是你们的儿童医生，他隔好几个周才会看到孩子五分钟；也不是孩子的舅奶奶或者姨奶奶，尽管她做过保姆而且在照顾孩子方面很有经验；也不是你尚没有孩子的朋友，她根本不会理解，大家怎么都围着孩子发出奇怪的声音；更不是你最好的闺密，尽管她与你很亲近；当然也不是我。

你的朋友们，只能提供你一些信息，这些信息我们觉得很有用，可能会帮到你。而你的亲人也只能够给你提供帮助，替你承担生活琐事，诸如当你要去冲个凉或者叠衣服的时候，可以帮你抱抱孩子等。关于育儿，最后做决定的只能是你自己，只有你才能做出对你和你的孩子都正确恰当的选择，没有人可以代替你做这个选择，因为那是"你的孩子"，所以，你才是最懂"你的孩子"的专家。

☆ 何谓"婴儿"

"婴儿"这个词好像听起来没有什么需要解释的，你的宝宝现在还是个婴儿。事实上，事情远比我们想象得要复杂，因为我们的社会一直在两种极端之间来回摇摆。一方面，我们对待婴儿和小孩子并不是很认真。20 世纪以后有人假设，与西兰花茎相比，婴儿的感官知觉并没有发达多少。大家都以此为出发点，认为小孩子没有或者几乎没有疼痛的感觉。据 1987 年《时代周刊》报道，儿童麻醉尚处于初期发展阶段。即便是今天，要尊重孩子的内心世界这样的说法好像也并不那么让人理直气壮。一方面，孩子们的基本诉求经常被忽略，成年人经常会对孩子的表现不予理会，仿佛他们不存在似的，而且试图把孩子硬塞到所谓成年社会的框框里面。另一方面，我们经常会忽视"他只是个孩子"这个事实，换句话说，我们会下意识地把他们当作成年人，认为他们可以用成年人的逻辑思考和做事情，他们一旦不这么做，或者表现得毫无逻辑或不成熟，我们就会觉得无法理解。但是，孩子实质上并不是未成熟的成年人，我们有充分的理由相信孩子就是孩子，作为家长，学会重视孩子的特质并懂得孩子是很重要的。

时光飞逝，大概会在你还没准备好的时候，你已经在他的生日蛋糕上点燃了第一根蜡烛，这个小生命的第一年是让人难忘的，请你全心全意地享受这一年，以及它之后的每一年。

☆ 何谓"随心所欲"

"随心所欲"地去宠爱你的孩子这句话对我来说，意味着此时此刻和孩子一起生活，珍惜眼下的每个瞬间，并敏锐察觉到孩子的重要性。这些都属于宠爱孩子的范畴。此时此刻的"随心所欲"，我认为，一方面指你满足了孩子眼下的需求，另一方面你在满足孩子需要的同时自己也得到了快乐。

关于快速满足孩子的基本诉求所产生的愉悦感

我们这个社会总喜欢用"使用价值"来评价所有的东西，即使是我们和最爱的人的关系也不例外。比如，我们带孩子去游泳馆的时候，总会跟身边的人炫耀"我家孩子会翻身了"或者"我家孩子能晃晃悠悠地走几步路了"。表面上看我们是很棒的父母，都值得称赞和表扬，我们想赋予我们的孩子特定的价值，他们应该成长为友善的、有爱心的、有同情心的、有教养的、聪明的、成功的人。大多数父母都有着宏伟的目标，即使在孩子身上也总想着一较高下。但是在这里，我只想呼吁广大年轻的父母："省省吧！这种事一点都不重要！"

你能过得轻松惬意,你的孩子也能生活得愉快,而且你们彼此之间相处得也很开心,这些才是最重要的。如果在孩子还小的时候就试着去关注对整个家庭有好处的事情,并且重视加强你和孩子之间的关系,你就占据了决定未来一切事情的有利条件。如果开车和提速让你紧张,或者你的孩子不喜欢汽车座椅,那就不要由你开车带着他去儿童游泳馆学习游泳。因为是否会游泳在你的孩子的"教育生涯"中并不会有实质性的影响,当然对建立你们之间的关系也没什么作用。

关于快速满足孩子基本诉求的必要性

当你饿得想要咆哮的时候,你的感受是怎么样的?如果是我,我会受不了,就在我饿得受不了的时候,我的丈夫会跟我说:"亲爱的,吃点东西吧!"同样地,当我很冷的时候,我也会变得很不好说话。我虽然知道这些情况很快就会过去,比如还有二十分钟就可以吃饭了或者火车马上就要来了,但是我还是很容易变成懦夫。作为成年人的我尚且如此,更何况是婴儿。他还不能表达自己现在的状态,他唯一知道的事情就是当下的感受。比如说,他现在饿了,他现在冷了,他现在要小便,他现在需要有人陪或者他现在累了……这些基本的生活诉求,尤其对新生儿来说,刻不容缓,亟待解决。如果你试图拖延,不打算理会他们的"表达",那么你很快就会发现,无论是孩子还是你都会觉得很有压力。这种情况是必然的,因为天性赋予了人体这种机制,以确保孩子可以得到想要的东西,能够被很好地照顾,并且父母与孩子之间可以良好地互动。

另外，婴儿也并不知晓昨天和明天，他也不会知道，我们现在生活在 21 世纪而且剑齿虎已经灭绝了。他只知道在这个"瞬间"，他觉得很安全、很舒适或者有什么紧急状况。也就是说，他的生活由很多个**"瞬间"**和**"此刻"**组成。在他的每一个"瞬间"，他都在搜罗生活的信息，就是在这些"瞬间"，你的孩子的大脑在发育，神经细胞在连接，激素机制也在发挥作用。在这些"瞬间"，他在描绘他眼里的世界，而这幅图像将伴其一生。这个世界是否充满了友善的人？这个世界是否发生了好事儿？这个世界是一个安全的地方还是一个担惊受怕的地方？所以，对父母来说，把握这些"瞬间"并对自己的工作在此期间的轻重缓急重新安排，能对孩子的"表达"做出及时的反应是很重要的。

"自从我有了女儿，我就什么事都干不了！"

一位妈妈向我抱怨她的痛苦，然后我们就她孩子的直接诉求和她个人的需求聊了一会儿。由于她要做家务还要管理家庭的账务，这些事情搞得她焦头烂额，无暇顾及孩子。我们讨论了一下她可以从什么地方获得帮助，并且怎样区分开当务之急和细枝末节的事情。两个月后我又遇到了她，她整个人给我的感觉都不同了，她兴奋地跟我说道：

"我的女儿会爬了！我更加没有时间做别的事情，但是我不再觉得糟糕了！"

如果你意识到你的孩子现在真的很需要你，并且意识到在这个过程中你自己也可以收获很多，你将获取自信、宽容的心胸、灵活性等，那么，在孩子的成长过程中你必然也会学到很多、成长很多，一年之后，你会让人刮目相看。

① 亲近

"我们最需要的就是我们手里拿着的和我们听到的,我们的世界都是一些奇怪的东西,是儿童牛奶和爸爸的目光;是在寒冷的早晨噼啪作响的柴块;是猫头鹰的叫声;是放学回家后小孩子的哭声;是妈妈的长头发;是害怕、恐惧以及卧室墙上的鬼脸……一切都将变得美好。"

——特鲁曼·卡波特

《其他的声音,其他的空间》

婴儿天生喜欢与人亲近

有了孩子后，我体内**"筑巢"**的本能开始发挥作用。我把放婴儿用品的衣柜重新归置得很整齐，最上面是尿布。我们把意大利牌子的尿布都捆到了一起，每一片尿布我都洗了两遍然后熨平叠好，之后再放到衣柜里分类放好。这个柜子就像一个特别的、让人印象深刻的、井井有条的仓库。我不是一个在洗衣服、熨衣服和叠衣服时爱激动的人，但是现在我很激动。下面的抽屉里放的是给刚出生一周的婴儿用的各种小衣服，比如讨人喜欢的小衬衣、小袜子以及小毛衣。最下面的抽屉里我保留了一些衣服，虽然它们太大，孩子还穿不上，但却是我最喜欢的，因为它们都是当时我的奶奶为我亲手缝的。我买了《育儿书》(*Das Stillbuch*)和《有才能的孩子》(*Das Kompetente Kind*)两本书，摸着朋友送的毛绒兔音乐闹钟。我从我父母家的地下室找出了我小时候用过的婴儿床，我曾经在里面躺着眺望过我们新建小区的小苹果树。多么棒啊！我拂去婴儿床上的浮尘，仔仔细细地把它擦干净，然后垫上了新的床褥，拿掉了之前鲜红色的顶篷，换上了透气的、轻薄的紫蓝色丝质顶篷，希望宝宝躺在里面能够感觉舒适。那个时候忙于打理着一切的我还不知道，我的儿子对婴儿床和音乐闹钟半点儿都不感兴趣，还不如对豆子的兴趣大。（虽然我隐约地猜到，尿布是不是整齐地叠好对他来说毫无影响。）如果在宝宝降生之前你们可以花时间和心血亲手为宝宝做一些事情，那简直太棒了。请全身心地投入到这项伟大的事业中，因为你的宝贝根本不需要那些花钱就可以买到的东西。

当我写我的第一本书《被保护的孩子》(*Geborgene Babys*)

的时候，我问我的丈夫："你有没有什么想法？你觉得孩子真正需要的东西是什么？"当时我坐在电脑前，他在沙发上，怀里抱着熟睡的儿子。他回答我说："这很简单，爸爸和妈妈。"是啊，就是这样。

> **当你兴高采烈地为孩子布置房间的时候，请你记住：**
> 孩子真正需要的不是娇小可爱的布娃娃，不是羊毛连脚裤，当然也不是什么毯子和所谓的能模仿妈妈心跳、让宝宝安心的玩具熊。当然还有很多东西，在家长们看来是照顾宝宝的默认配置，其实也都不是宝宝真正需要的，比如：橡胶奶嘴、小瓶子、小床、婴儿车或一次性尿布。婴儿来到这个世界上，基于天性，他主要需要的是：**皮肤接触、母乳、温暖、爱和保护**。这些天性使然的需求早在一万年前的原始社会就是如此。

上述基本需求之外的那些所谓的"需要"，都是在后来的历史长河中人们出于种种原因臆想出来的。有的是为了生活方便产生的，而有的，则是因为有人从中发现了商机。当父母的人总是想要为自己的孩子准备点什么，为了迎合父母们的这个愿望，才衍生出了这种发展。与我们的文化相适应，我们为孩子准备的东西多数情况下无外乎这么两种：物质上的和精神上的。

"人们通常会花很多心思在婴儿房的布置上，而且总是费心地考虑怎样才能最好地开发孩子的智力，但是这些都好像更倾向于人们的自我安慰。"心理治疗师苏·葛哈特（Sue Gerhardt）这样说道。她对小孩子的大脑开发很有研究，为此她写了一本书——《父母爱的力量》。

育儿的过程中，你得忍受没有什么成绩业绩，忍受无聊的生活。你可以仔细思考一下，对于这个阶段的事物你可以适当地做出取舍。

你要学会跟你的宝贝亲近，这个感受是你之前没有体会过的。这可能很辛苦，也让人不安，但是没有办法，这正是你的孩子成长所需要的。你的孩子需要亲近，需要和你的亲近，你对亲近越没有抵抗力，你就会越享受这种亲近，并且享受两人共处的时光，这对整个家庭来说是非常有益的。

在学校的生物课上，我学习到人类属于幼崽类，也就是说人类在还是婴儿的时候，不具备自己走路的能力。我们知道，我们在很多方面跟幼兽是有区别的，比如猫、狗、狐狸、兔子等动物的幼崽，它们会在妈妈外出觅食的时候一声不响地躺在自己的窝里，虽然它们听不见也看不见，但会本能地相互取暖直到妈妈回来。

当然，婴儿在温暖的房间里也是不会自己供暖的，只有到了没有保护的地方才会自己供暖。说到没有保护的地方，我首先想到的是原始森林。在我的认知里，原始森林就是雾蒙蒙的，色彩丰富，充斥着各种陌生的声音和生物，当然也是一个把谁孤零零地丢下去的绝佳之地。试想一下，如果新生儿处于没有洞穴或巢穴加以保护、没有兄弟姐妹赖以取暖、没有营养丰富的乳汁来吸取养分的境地，就像真的幼兽那样孤零零地被丢在原始森林里，他会怎么样呢？他可能很快会挨冻挨饿，被各种昆虫、小动物包围，或者最糟糕的情况是，他刚好被外出觅食的母狮子发现并带回去给它的幼崽。

这种情况告诉我们，婴儿很显然不能独自存活，我们人类也不等同于幼兽。我们的孩子只有与他的父母或者对他充满爱意的人亲密接触，才能最好地成长。无论是躺在他们的臂弯里、床上还是怀抱中，只要是与人亲近，婴儿便会感觉甚佳。与人亲近不仅有利于孩子大脑的发育，而且对体内激素系统和免疫系统的完善也有促进作用，还有助于孩子运动能力的形成。此外，孩子也能从中了解到人们互相之间是怎样相处的，同时知道自己在被关注着和被爱着。一位英国的心理学家唐纳德·温尼科特（Donald Winnicott）曾经说过："不存在孤立的婴儿，只存在婴儿和某人。"

> "婴儿在他出生之后就是一种无助的生物。他不会走路，不会爬，不会说话；而且他有针对性的行为能力也被最大程度地限制了；与其他灵长类动物不同的是，他没法紧紧抓住他的母亲；他也不能自行从一个地方到另一个地方，只能被别人抱过去；他大脑的75%是在出生后发育的；没有别人的照料他无法生存下去，然后慢慢长大，直到他可以自己照顾自己，当然这需要很多年。"
>
> ——詹姆士·基莫尔

经历是可遗传的

和人类的婴儿一样，猿猴的幼崽也不能单独存活，必须得和它妈妈或者其他抚养者一起才可以。地球上有四种猿猴种类：猩猩、大猩猩、黑猩猩和倭黑猩猩。有一种说法是，在进化的过程中其实还有第五个分支，那就是我们人类。我们和他们有着共同的猿类祖先，但是早在大约六百万年前我们便开始独立发展进化，开始直立行走，并慢慢丢掉了皮毛，开始自我的智力开发。

我们开始直立行走之后，慢慢分成打猎者和采集者两类群体进行群居生活，在人类历史上有超过 90% 的时间都是以这种方式生存的。数千年前，为了更好地适应环境，为了生存下去，也为了将我们这个物种保留下来，我们的身体开始发生转变，然后慢慢进化出完美的身体机制，完美到让我们的后代无论在什么境况下都能得到最好的照顾。比如，从出生时就具备的体内协调的激素、母乳喂养以及母亲亲近自己孩子的本性。

这个伟大的机制在我们的基因中就已经被确定好了，基因给我们预设好了我们能够活动的幅度。德国马格德堡大学的凯瑟琳·布朗恩教授（Katharina Braun）形象地把细胞核内包含的基因信息比作钢琴琴键，要在琴键上弹奏什么样的曲子是由生物的外部生活环境决定的，同时环境因素也可以决定哪些基因能够"弹奏"而哪些不可以。我们将这类研究称为表观遗传学——"附加的遗传学"。

在人的一生中有三个阶段，在这三个阶段里，环境是很重要的。这三个阶段分别为：

- ☑ 孕期
- ☑ 0–3岁
- ☑ 青春期前一到两年

上述阶段之所以至关重要，是因为在这些阶段基本可以确定对人体有用的基因。我们要为我们期待的生活制订好所谓的"计划"，因此，在这些阶段，父母的表现和参与就显得愈发重要。从心理学家那里我们早就获悉，孩子的第一年在很大程度上决定了孩子的一生，前两到三年正是大脑内重要的神经连接的时期，与爱、联系、幸福有关的能力以及孩子的社会行为都将在这些特定的时间点被确定好。

通过表观遗传学，我们了解到整个过程的前因后果，同时也可以了解重新书写某种程序的途径。其实，在这些阶段，除了有神经连接，还发生着很重要的事情。我们"扫描"周边的环境并把相应的信息传给我们的孩子和孙子（女孩通过卵子，男孩则是通过精子），也就是说，**经历在身体上是可遗传的。**

总之，无论是在母亲子宫内的印记，还是人生前三年的经历，抑或是青春期遗传自祖辈的经历，都可以影响我们体内细胞信息的表达。携带着这些印记，我们走向了世界，然后每个人带着自己独特的价值观和本性共同构成了社会，而我们的价值观和性格还会接着传给我们的孩子和孙子。

遗传中的应对

我们早在数百万年前就进化成了今天的样子，然后这种进化又从表观遗传学和心理学的角度，影响我们至今。但究其细节，还要着眼于我们的直系亲人——我们的父母、祖父母和曾祖父母。

为了能够更好地理解发生在我们身上的这种奇怪的进化，我想先讲一些关于我们祖先的生活状况的题外话。他们当时的情况和我们如今的完全不同，他们那时生活在人类连最基本的生活需求都没有办法得到满足的环境中。

亚伯拉罕·马斯洛，人本主义心理学的主要创建者之一，他将人类的需求划分成了五个层次：

- ☑ 生理的需求
- ☑ 安全的需求
- ☑ 归属/社会的需求
- ☑ 尊重的需求
- ☑ 自我实现的需求

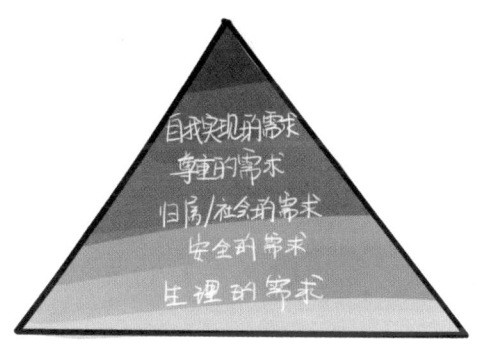

假如时间回到20世纪40年代，我们试想一下，那时我们的祖先有多少人能实现自己的价值？又有多少人能在日常生活中获得别人的尊重？有多少地方连吃饱穿暖这样最基本的生活需求都难以满足？

表观遗传学研究表明，上述这类需求的欠缺直至今天都对我们产生着影响，甚至影响着我们的生理需求。

1944年的秋天，大约在第二次世界大战末期，德军围攻荷兰王国并切断其食物供应。那个冬天非常寒冷，很多人因此忍冻挨饿，月余之后才开始每天给他们供应500卡路里的食物。直到1945年

5月5日，荷兰得以解放，人们的生理需求才终于得到满足。对于该事件，值得我们注意的是，在那段时期出生的婴儿以及当时在挨饿的妈妈肚子里的婴儿总共有四万人。荷兰研究员特莎·罗斯本（Tessa Roseboom）和她的团队仔细观察了这些婴儿中的2414人。罗斯本称：**"我们的研究表明，那些饥荒时期在妈妈肚子里的婴儿长大后比正常条件下养育的婴儿患肥胖症、糖尿病和心脏病的概率要高。"**

现在我们已经知道了，准妈妈挨饿会对宝宝有影响，那么接下来的问题就是搞清楚受影响的时期到底处于孕期的哪个阶段。据研究，宝宝最易受影响的孕期阶段是怀孕初期，在这个阶段受到影响的婴儿在他们以后的人生中更容易紧张、发胖或患心脏病，甚至会诱发精神分裂症，而这个群体的女性患乳腺癌的概率是正常女性的五倍。有趣的是，这个群体的女性比其他女性会更早生育，孩子也会更多。在他们还在妈妈肚子里的时候，他们就知道了外面的世界是一个充满着威胁的地方，然后他们会通过改变自身的新陈代谢来适应这个环境。这种情况下出生的婴儿一般会很小，而且在长大之后又比较容易过度肥胖。

然而即使在德国这个"肇事国"，人们也同样因为战争而饱受折磨。他们饥寒交迫的同时还要担惊受怕，遭受着精神的创伤，这种痛苦直到如今都在折磨着我们，无论是身体上还是心灵上，因为沮丧这种情绪从表观遗传学上来看是可遗传的。

"心灵创伤不仅致使内心波动，还能影响进化遗传。" 沮丧情绪的研究者弗罗里安·霍尔斯伯尔（Florian Holsboer）如是说道。

但是令人庆幸的一点是，除了精神创伤，安全感、爱和被保护的感觉也同样遗传了下来。

愚笨的警言

当崭新的小生命降生到这个世界上的时候,家里的很多成员都想参与他的成长并分享他们的人生经验,但是这些所谓的"助力"往往会由于已经过时,或是表达得词不达意、过于直白而让新手父母非常反感。

下面是一些经典的警言:

* "如果他一哭你就把他抱起来,你这是在溺爱孩子!"
* "你还要抱着她多长时间,这样你就更和她分不开了!"
* "孩子哭的时候不能立马喂他,他得学着知道生活中是要努力的。"
* "你这么小的时候,我们可没这么大张旗鼓,你可不能这么溺爱他!"
* "你们真是养了个惯坏了的小霸王……"

你们注意到了吗?这些都是那个生活艰难、渴求生存的年代的产物。那会儿,大家整天担惊受怕、饥寒交迫,唯有幸福安康最重要。

其实这些"警告"你的人在做父母亲的时候也一定喜欢抱着自己的孩子,也会慈爱地看着自己的孩子长达几个小时,也喜欢闻孩子身上的奶香味,但是他们对此却三缄其口。或许他们也相信"孩子需要被磨炼"这句话,但是大部分人或许只是无意识地说出这些话,其实在他们的内心里,他们也会为自己不能体会这种亲近的感觉而伤心难过。

吵闹比乖要好

相比较而言，那个我们还在丛林里穿梭着打猎和采果子的时代更容易给我们的孩子所需要的亲近，因为我们可以带着他们去任何地方，可以睡在他们身旁，并且在他们需要的时候哺乳，这种生活方式对成年人来说也更容易一点。围绕在父母身边的可能还有别的成年人和别的孩子，我们大家一起看顾我们的种族和孩子，同时大家都遵循着一些约定俗成的习惯。

后来，我们开始定居并且开始觉得，无论是在家里还是在田地里劳作或是在工厂里上班，孩子都是一个牵绊，让人困扰而且费神费力。我们没有去质疑问题出在哪里，却在经过了数个世纪之后习惯性地觉得孩子是个麻烦；我们也没有去询问这些"最无助的成员"需要什么，却自行发展出了几条所谓的"优良品质"。直到如今，孩子们还深受这些规则之苦：孩子应该尽量不打扰家长，他们应该"乖"一点。尤其强调孩子"乖"的，是那些在战争中或战后年代深受战争之苦且濒临崩溃的家长。所以有的人会问"孩子乖不乖"等诸如此类的问题，这几乎是所有年轻的父母都听到过的问题。而多数情况下，听到这种问题的父母会觉得厌烦，这就跟一个十二岁的孩子经常会被问到"喜不喜欢学校"是一样的道理。其实提问题人并不是真的想知道答案，他们可能只是不知道该问什么。

我记得很清楚，有一次我用婴儿背带带着我的儿子一起散步，然后遇见了克里斯。克里斯是我的一个好朋友，我们一起度过了很多愉快的时光，一起深入探讨过问题，也一起开怀大笑过。他是一个很健谈的人，和他在一起总不用担心会冷场或者没有话题聊。克里斯那天见到我，问的第一句话就是："怎么样？他乖吗？能让你睡觉吗？"克里斯不知道，他应该和一个新手妈妈聊什么，他可能听别人说过，孩子是否乖以及睡眠问题一直是年轻父母之间比较热门的话题，所以他就这么问了。但是事实上，我的儿子一点儿都不"乖"。我的儿子在他出生之后的第一年，一直觉得睡觉是一件浪费时间的事情。尽管如此，我还是觉得我的儿子是世界上最伟大的孩子。因为他让我们这对毫无经验的父母很清楚，他需要什么。如果他不这样，我们怎么可能知道呢？所以我很感激他能够这么清楚地表达他的需要。

"乖的孩子不容易存活下来，"我的闺密尼古拉说道，"我们都是那些吵闹的孩子的后代。"

我的儿子就是这种吵闹的孩子。当他想要喝奶的时候，他就是想喝奶，不需要任何迟疑，他表现得让我们深信，如果我们没有立马满足他的需求，整个世界就会毁灭；他不喜欢被放在一边，一秒都不行，在这种情况下他让我们知道，如果我们不认真对待他的要求，就会有"灾难"降临。他咿咿呀呀地表达他的意思而且意义很明确，这样我们能够在很短的时间内学到很多东西。当然他并没有说一句话，他所用的语言，远比"话语"要久远。在经过无数次的误解之后，我们渐渐地学会理解他的语言，理解他不厌其烦地要让我们明白的事情——这也恰恰是他不"乖"的地方。

沉醉在舒适感中的孩子

我们将孩子的"不乖"解读为：

"妈妈，不要留我一个人，你在我身边我会很开心，你是那么温柔那么温暖。"

"爸爸，请抱着我，你是那么的强大和可靠，你的肩膀是世界上最好的地方。"

就像我们成年人在结束了一天的辛苦劳作之后想要爱人的一个拥抱或者喜欢跟朋友聊一聊一样，对孩子来说，我们的关注和迅速的反应也是很重要的，否则世界就要毁灭了。所以，他并不是简单地请求我们在他身边。很好，他表达得很清楚，因为在他降生的第一天、第一周、第一个月，不仅父母在学习，孩子自己也了解学习了很多。他看着周围的世界，并描绘着他降临的这个奇怪星球的第一幅画像，他自己学习并且去了解这个世界，这个过程在他与其他人相处的经历中进行，并将这些经历保存在他体内。

比如说大脑。虽然婴儿在降生的时候像成年人一样有大约1250亿个脑细胞，但是这些脑细胞并没有像成年人那样紧密地连接在一起，而大脑的功能最终会通过细胞的连接而决定。这些是由一个人经历的事情构成的：充满爱意的触碰、抚摸、歌声、说话声、微笑……因为一开始婴儿大脑内的细胞很少会相互连接，所以他们的大脑很容易受影响，**积极的经历和充满爱意的周边环境就有助于大脑功能的完善。**

脑内的细胞连接就像走山间小路。如果曾有人走过这条路，经过一段时间之后也会像什么都没发生一样，因为被踩下去的植物会慢慢再直立起来，在数小时之后也许只有熟练的观察者才能看出来这条路曾被走过。如果小路上走的人多了，踩踏的痕迹就会很明显，然后更多人会走这条路，那么小路就会不断地被踩踏。相反，不常被人踩踏的小路就会长满杂草，慢慢变得荒芜。同样的道理也适用于脑内细胞的连接，那些总是有效运转的"小路"慢慢地会变成"高速公路"，也就是说在孩子的童年和青少年时代，细胞会罩上特别的脂肪层和髓磷脂层，这样的话能够加速刺激的传输。

学习应激反应

如果我们的孩子用他的语言咿咿呀呀地跟我们说话，那么他一定是在明确地表示：

"你把我一个人丢在这的时候，我一点都不好，我会陷入紧张的状况而且自己没办法平静下来。当我一个人的时候，我很无助也很害怕，你必须帮助我。"

另一个保存这些经历的地方是人体的**应激反应系统**（Stress Reaction System）。"压力"（Stress）这个词乍一听起来并不吸引人，但是应激反应系统却是一个让人印象深刻的组织。人体的皮质醇和肾上腺素可以在短时间内提供人体足够的能量来应对压力和危险，这样的机制对生存来说是必要的，确认人体的安全之后，健康成年人体内的激素值就会重新回到正常水平。

婴儿体内却没有这样的应对机制，所以婴儿和小孩子在面对压力和危险的时候只能借助成年人的帮助才能克服，他们依靠成年人来快速满足自己的需要，并且依靠成年人为自己解决问题，之后他们才会慢慢学着如何自己去应对。

如果孩子幼小的体内一次又一次地分泌皮质醇来应对压力，而他自己又不能调整激素值使之恢复正常水平，那么他体内的应激机制就会出现问题，不是调整得过高就是过低，这两种情况到成年之后可能都会有不良的后果。

为什么孩子总是需要安慰
苏·葛哈特（儿童心理学家）

我们可以通过理解孩子以及他们的需要来给孩子最好的爱。其实过分溺爱孩子是不可能的，因为孩子需要我们的理解，直到他们自己有了能力自己解决。关键的问题是，孩子一天24小时都是依赖人的。比如说，他们需要有成年人为他们哺乳，也需要有人能够安抚他们，或者在他们无聊的时候逗他们玩。

当然他们长大之后，可以自己做更多的事情，而习惯了孩子的需要的父母，会及时发现孩子的改变并帮助他们走好下一步。有时候有的父母由于自身的不安和不确定，没有注意到他们的孩子已经准备好下一步了，这些父母会一如既往地为孩子面面俱到地做所有事情，这样其实并没有帮助，因为这样做只会制约孩子的成长。

但是孩子有了烦恼，总是需要安慰的。人体在面对压力时会分泌皮质醇用来应对，但是皮质醇过多对孩子的成长是很不利的，比如，它会损伤免疫系统，也会影响孩子以后应对压力的能力。孩子自己不能缓和压力也不能调节体内的皮质醇水平，所以他们需要成年人的安抚，需要成年人帮助他们恢复情绪上的平衡。

我要怎么知道，我的孩子需要什么呢

就像大多数父母一样，我也是在几次的练习之后才明白孩子向我传达的事情。我很乐意向你们提供这门语言的"词典"，但是却不能保证它一定会奏效。

对于孩子的这门语言，每位父母都得学着自己理解，因为虽然其中存在很多共同点，但是每个孩子都是在用自己的方式"说话"表达。学习这门语言可以让你轻松地做好准备，参与到你人生的这个新阶段中。你和你的孩子的关系越亲密，你学习这门语言的时候就会越轻松。

99%的新手父母会在孩子躺在自己臂弯里的时候不知道应该做什么。值得注意的是，如果你感到不确定，这并不是件坏事情。孩子是一种稳定的小生物，他们会宽恕很多事情，而且可以在最特别的情况下成长发育，只要你们关系良好而且情感联系紧密。良好的关系可以让你在与你的孩子相处的过程中变得有把握，可以让你有安全感，所以一定要注意你们之间的关系。

一时的不知所措并不代表你们的关系不牢固或者你不是孩子希望的最好的母亲，它只是表明你也许还需要更多的时间和练习。

请相信你的孩子

只有在你变得更加确定的时候，你才会发现理解孩子并理解他释放的信号变得更简单了。并不是从一开始就会这样，而是渐渐地,你知道了孩子什么时候觉得舒适,什么时候饿了、累了、疼了,或者有他觉得特别有趣的事情。

为了能够更好地适应孩子的节奏,作为父母的你有必要了解前因后果,并从理论上理解这些事情。另外,这种求知欲和想要理解的愿望也会成为你们之间的障碍——一种父母和孩子之间智能的分隔符。

所以请你规避那些让你没有把握或是让你担忧的信息,也请你把注意力放在那些你真正需要的、能够帮你加强与孩子的联系的、有助于你宠爱项目的信息上。

联系是可以增强的

一位父亲用这样一句话来形容他的孩子的降生:"仿佛整个世界都静止了。"而妈妈们多半会用"疯狂的热恋状态"来形容自己与孩子的关系。但是父母与孩子之间的联系并不是与生俱来的,可能是出生时候的艰辛不易,也可能是出生后妈妈和宝宝立马被分开。无论出于什么原因,一般情况下,我们都需要费点劲或是有点勇气,重新"打开"与宝宝的联系并使之增强。

"联系"并不是简单地从今天到明天的事情,而是从艰难的开始慢慢成长起来的,这是一个日积月累的过程。许多父母表示,他们和孩子的联系随着年月的增长发生着很多改变并且日益深远。有机会的话,大自然可以修复很多东西,就像之前说过的那样,孩子是非常稳定的。

当你发现你们之间亲近了很多的时候,请重视这点,一定要利用这个机会更好地了解自己。当然，这点也适用于当你想要趁彼此分开的时候疏远某人，或者当你没有能力给那些在你的生命中帮助过你的人亲近的时候。

学会参与（婴儿天生喜欢与人亲近）

其实早在孩子出生以前，宠爱就已经开始了。虽然如此，你仍然是你，可以随心所欲地参与你崭新的人生阶段，也请你全心全意地投身于你的新任务："做妈妈"或"做爸爸"。

如果你一直只谈论自己的孩子而搞得周边其他人很尴尬，这也无可厚非，因为这种事情很快就会过去。就算有人觉得你"母爱泛滥"，也就是**"母亲的角色过度"**（Übermutter），也不是糟糕的事情，这只能说明我们的社会价值观扭曲了。

> 艺术家卡蒂·库斯特纳（Kati Küstner）对此曾写道："我还从来没有听人抱怨过药剂师或者售货员的角色过度（Über-Apothekerin Über-Verkäufer）。因为这样的角色做得过度代表他是一位有能力的、能够承受冲突的职员……我个人非常不能接受，在可以做得更好的时候却只做一位普通平凡的母亲。（如果我做不到，我很乐意在相关的领域学习。）好了，现在我要去一位'角色过度'的师傅那里，他总是会做出特别棒的美食来。"

现在有的人会反驳，做妈妈或者做爸爸并不是一种"职业"。然而，这却是整个社会主要的任务。如果没有父母这些角色来培养可爱、聪明、有创造力的孩子,那么我们所有人都可以收拾行李走人了,然后孩子就只能自己娱乐玩耍,比如说养一只狗或是在花园里玩耍。所以说,否定地看待那些用极大的热忱投身于某项任务的人是不恰当的,即便是那些专业照顾孩子并为此投入很大精力的人,也不应指责他们为"过度的教育者"。

我想要回原来的生活

很少有女性能对她们第一个孩子的到来做好充足的准备,因为基本上没有人经历过这样的事情,当然有幸的话,在我们还是婴儿的时候,我们可以和自己的母亲有这样的经历。即使你全心全意地投入到与宝宝的相处中,终有一天你也会想:"够了,我不能再这样下去了,我想晚上能出去走一走,也想和我的朋友见面……"

这样的想法是很正常的,而且这些想法可能只是一个信号,表明作为母亲的你并没有得到足够的支持和帮助。事实上,如果没有孩子,你并不会明白你真正重视的东西其实是给自己的时间、和朋友在一起以及和朋友聊天。而你也不会知道,朋友在身边有多好。你的朋友们也只有在你表达之后才明白你真正的需求:

"我好想像以前那样和你们一起喝咖啡,我想你们了。"

"我现在觉得很孤独,我的新生活对我过于苛求,让我喘不上气。你能过来抱一抱我顺便带一块巧克力吗?"

你要诚实地向你的朋友诉说你的脆弱,只有这样你的朋友才会知道,你现在真的很需要他们。

珍惜在一起的时间

当我和朋友见面的时候，我们有时候会感叹：婴儿时期过得多么快，孩童时代多么短，以及我们有多不珍惜我们现在经历的这些。毋庸置疑，有一个孩子是一件很辛苦的事情，因为它总是在挑战我们的极限。而如果我们选择享受这段时间，它便会变得容易得多，毕竟这样的时光一生只有一次，而且过去了就不会再来。

每当说到这个话题的时候，我都会想到我的母亲，想起那个我被房屋装修、想家和纳税申报等搞得焦头烂额的时候。我向母亲抱怨着我四岁的儿子让我很崩溃。"你看看他，"母亲说，"他长得很像你，他是这么可爱！"那个瞬间，我突然挣脱了心魔，从对自己的自怜和苛求中跳了出来。我看着我的儿子，他是那么的迷人，而且对我现在的处境，他也是完全无辜的。其实他当时过得也不开心，他也很想念他的朋友和我们的旧家。在那个瞬间我决定，再也不让我的孩子承受痛苦，我要学会适应不同的环境和生活方式。那个冬天，母亲的去世对我来说不仅是天塌了，还意味着不会再有人能告诉我："你看他！他多么可爱！"所以我和我的丈夫开始试着自己告诉自己这句话，这句话就像一句咒语一样，我们直到今天还会这样说。我们习惯了说这句话，也习惯了含笑注视着我们的孩子，并为他感到高兴。

注意阻隔你和孩子的障碍物

如果妈妈们压力过大且整天围着孩子忙这忙那,她们会很疲惫,并且容易将视线转移到一些"障碍物"上,因为她们也想大脑内拥有片刻的安静,也想暂时放下孩子和生活琐事。一般情况下,我们都不是生活在一个大家庭,孩子也没有那么快适应姨妈的怀抱,所以妈妈们常常在没有办法喘息的时候选择逃离而去上网。只要这种事情不是一直发生就无可厚非。但是如果我们只顾着上传宝宝的照片而不是看着他,只顾着玩手机而不是陪宝宝说话,这就让人怀疑了,甚至我们的宝宝也会有疑问。

"妈妈,这太不可思议了!"我的儿子吃惊地表示道,"你看过这个吗?"我没看过,于是他跟我描述:一个大约五六岁的小男孩,旁边是他的妈妈。妈妈推着手推车,小男孩坐在车里,小男孩一只手紧紧地抓着车,另一只手里拿着妈妈的手机在玩游戏。

我并不认识这里面的人,这个场景是抓拍,我也不能对这个情景妄加评论。但是这幅图却说明手机不仅成了我们生活的一部分,还引发了一种"流行病"。如果我们稍不留神,就会深受这种"流行病"之苦。毕竟对孩子来说,一个只顾着盯着手机而对他们的交流无动于衷的母亲(或父亲),与一个萎靡不振、心不在焉的母亲(或父亲)没什么不同。

你知道"脸部静止"实验吗?这个实验的内容大致是,当妈妈们不再用丰富的面部表情来回应孩子的时候,孩子会如何反应。在这个实验的中间部分,妈妈们会面无表情地看着孩子,表情不是不友善,但也谈不上友善,可以说是"中立的",反正表情僵硬得就像是护照照片(经过测试,即便是最好的朋友都不想给她看的照片)。研究者把孩子放在观察室里,并指导着他们的妈妈表现得面无表情、毫无热情,然后发生了下面的一幕:孩子一开始会迷糊妈妈为什么表现得这么反常,之后他们就试着唤回妈妈的注意力,他们发出声音,指着某样东西,笑,呀呀叫喊,接着就开始哭泣了。

如果这个场景经常或者一直发生，那么孩子会产生一种强烈的不安感。他们开始恐慌："妈妈在看我吗？""她觉得和我一起玩不好吗？"孩子从模仿中学习，但是如果对方没有反应，后续的一切也就不存在了。尽管"静止的脸"实验目的不是研究妈妈们如果盯着手机看会有什么后果，但是这个实验仍然可以告诉我们，如果我们沉浸在手机里，从孩子的视角来看会发生什么事情：我们的孩子会陷入恐慌并会想尽一切办法去赢得你的注意力，或者说不定什么时候还会限制他们的交际。

另外一个很受欢迎的"障碍物"是相机，也可以是手机里的相机。当我儿子还小的时候，我在我身上注意到了一个奇特的现象。有时候，如果我白天一整天都陪着我的儿子而不太跟成年人讲话，那么到了晚上我丈夫陪着他的时候，我会很轻松，不会一直看孩子的照片，我可以与他亲近（强烈的需求），而不是和照片里的他亲近（也是强烈的需求）。

我的一个朋友现在正觉得很难与女儿亲近，我跟她讲了这一现象，她说："通过这件事我再次认清了情况。我们给女儿拍了一定有一万张照片了，我有时候会想，这种方式可能给我和我的女儿之间带来了阻隔，因为我害怕亲近。"

一旦你觉得自己正处于狂热的想要拍照的阶段，那么你就要注意了，孩子美好的照片永远都不够，只是如果你们的孩子经常看着冰冷的镜头而不是妈妈美丽的眼睛，就会很遗憾。

亲近和爱是最重要的

婴儿是需要联系的，也就是需要亲近和爱。当然没有联系的话他们也可以生存下去，但不会成长，所以这个版块我放在第一位，它是重中之重。这本书中其他的"宠爱版块"都是工具，它们也许能让父母与孩子之间的关系和谐美好，会让双方的关系渐趋融洽，会利于宝宝的健康成长，它们作为自然的工具，比那些人为的手段或权宜之计更具优势，但它们却不是唯一的解决之道！在任何时代，在任何文化中，都有别的选择和解决方案。书中的这些建议存在的时间都快和人类存在本身一般久了，即使其中的一条并不如你想象的那样奏效，它也会让你的孩子成长为很棒的人。请你记住，大自然可以宽恕很多事情。

没有任何一位妈妈是完美的

　　我的儿子的降生对我来说一度很可怕，就像我不应该生他一样。直到很多年后我才明白，是我把他带到了这个世界上。另外我的儿子是独生子，大家都知道，独生的孩子格外被娇惯，容易被惯成无法无天的调皮鬼。有很长一段时间，我都会跟我身边的人解释："孩子被惯坏了。"而有时我也是那个"身边的人"，听着当事人跟我解释："我的孩子这样那样的行为都是因为他没有兄弟姐妹。"当时我也只当这是个玩笑话。生孩子时的伤口既然已经愈合，我觉得也是时候应该梳理那些伤人的评价了。自然界总是会在孩童时代插上这样一个阶段，在这个阶段父母可以影响孩子，让其"重新编程"。在你无论如何都找不到接近孩子的通道的时候，或者哺乳已经不奏效的时候，或是你觉得孩子的降生可怕的时候，你都要找到自己的方法去解决这个问题。即使你在这本书里找到了对应的版块和建议，但是它并不是"完美"的能解决一切的，请你保持冷静。这个时候你赋予了自己可能性！请你相信，你给予孩子的爱和亲近，是愈合和成长最好的温床。在你面前，还有很多年可以和孩子共处，你们会有很多美好的体验，同时也还有很多时间去弥补错过的遗憾。

是的，但是……

☆ 孩子必须知道，
世界上不是只有他自己有权利，
别人也有权利

毫无疑问，"别人也有权利"似乎是一件众所周知的事情，但是孩子还不能理解和思考个中缘由。孩子需要他可以握住的温暖的手，需要能填饱肚子的温暖的牛奶，需要能理解他所有需求的有爱的父母，只有这样，他才能了解世上不是只有他一个人。

与此相反的意见是：我希望我的孩子能够成为一个友善的、感情细腻的人。对此你要知道，**"感情细腻"**和**"为他人着想"**不是与生俱来的，而是在孩子了解"其他人也同样有权利"这件事情的基础上得来的。有趣的是，这两种品质与前额叶皮层有关，研究学者苏·葛哈特将其称为**"社会大脑"**。这个所谓的"社会大脑"并不是自我完善的，而是要以孩子积极的经历和善意的遭遇为条件。

这个大脑**"本质上是通过真实的经历而生成的，你放进去的或多或少都是你能拿出来的。如果我们希望孩子文静，有秩序，有能力去考虑别人的感受并具有前瞻性，那么我们就得帮助父母，传达这些品质"**，葛哈特这样写道。

041

☆ 必须及时划定界限

人为地去划定界限。父母能做的就是，及时察觉到孩子的不妥行为并与其交流沟通。虽然你跟一个孩子交流沟通是没有意义的，因为孩子压根就对自私自利没有概念，你跟他沟通了之后，他的举动表现也不会跟现在有什么不同，他不过是表达自己的需求并反映自己的环境。所以对于孩子来说，"人为"就是指，当快到他的临界值的时候要及时察觉。另外，也不要要求孩子的行为有所改变，只需要在没人受到伤害的情况下妥善解决这个难题。

跟婴儿或小孩子去专制蛮横地表达禁止是没有用的，因为他不会听从。

"小孩子既不会故意不听话也不会故意做坏事，"约瑟夫·奇尔顿·皮尔斯（Joseph Chilton Pearce）写道，**"他只是循着他与生俱来的本能而已。"**

我还记得这样一个场景，在我儿子大约四岁的时候，他对一切事情都表现出极大的兴趣。他一定要探索这个世界，在他眼里再没有别的事情。他的这种行为与我轻松的家庭生活的理念并不一致。有一天我问他："我跟你坚定地说了我不希望你这么做，为什么你还是要这样做？是不是对你来说我的意愿无所谓？""不是的，妈妈，"他睁着大大的眼睛看着我说道，"但有时候我不得不这么做。"我要怎么阻止他呢？有时候我都阻止不了自己吃巧克力的欲望。而且我们都知道，想要在孩子身上去了解事物的本质，远比饥饿或对巧克力的渴望要强烈得多。

☆ 我不想养一个"小霸王"

不要担心。只有在孩子的需求没有得到满足的时候，他们成为"小霸王"的可能性才会升高。所以说：**你越能理解你的孩子，孩子成为"小霸王"的可能性就越低，与之相反，孩子还会成长为一个非常轻松、冷静的人。**

按照人们联系的具体情况，可以把"联接"分成不同的模式：稳定的联接和不稳定的联接，其中不稳定的联接又有不同形式。如果你的心思细腻，可以很好地理解你的孩子，你们之间的联系就会发展成稳定的关系。只有当小孩子对成年人的关注和照顾不确定的时候，他才会用不恰当的方式一直要求成年人。

"每个行为问题，实质上都是关系问题。"心理学家戈登·诺费德（Gordon Neufeld）表示。

"那些在早期就被父母满足了需求的孩子，会完全的顺从'规则'的严厉的形式，人们认为，他们不会做你不想让他们做的事情，因为他们如此爱你！"埃利奥特·巴克（Elliot Barker）博士说道。

☆ 如果他根本不把我放在眼里，以后会成什么样

以后不是现在。现在你的孩子只是一个婴儿，他的脚在你的鼻子上，他觉得软软的很好玩。现在你的孩子正享受着在你身边的安全感。当他的需求被满足之后，他会觉得自己在被爱，在被认真对待，从而使他能达到更深的层次：

我是安全的，这个世界是友善的，妈妈就在我身边，爸爸也喜

欢我。

或者像诺拉·艾木拉（Nora Imlau）描述的那样："我可以信任我的爸爸和妈妈。他们理解我，因为在我还不会说话的时候，他们就已经很懂我了。他们爱我，因为早在我请求之前他们就很爱我了。他们在我身边，就像他们一直以来都在我身边一样，无论早晚。"

☆ **如果我一整天都只围着我的孩子转，我会晕掉的**

如果可以，和其他的成年人一起照顾孩子。你可以找一个和你处在同样人生阶段的朋友，最好她还住在你家附近。你不能只凭第一眼印象，或者只凭只言片语就妄下定论，要好好地和对方聊过，毕竟好感是会增长的。你也要寻求其他人的帮助，你的姨妈真的糟糕到你不能把孩子交付给她吗？简而言之：**做你想做的、能让你和你的孩子方便的事情。**

② 宠爱从孩子出生前就开始了

　　如果你足够理智，那么你要扮演的角色是"盘子"而不是"沟渠"，因为"沟渠"几乎是在接收的同时就给出去，而"盘子"则是要等它自己满了才会往外溢出。这种方式的给出，可以在不伤害自己的前提下进行……

　　你也要学会，只给出自己溢出的部分，

　　而不是像上帝一样慷慨地满足对方所有的愿望。

　　盘子就像一个源头一样。

　　只有当它自己盛满水的时候，

　　它才会向外流出汇成河流，然后成为大海。

　　你也应该这个样子！先把自己"注满"再给予别人。

　　聪明的爱是给予自己多出的部分，

而不是和盘托出。

如果我的富有是建立在将你掏空的基础上,那么我宁愿不要。如果你连自己都不能好好对待,那么你会对谁好呢?可以的话,给予我你多出的部分,否则,请好好爱护自己。

——伯哈德·冯·克莱尔沃

外面的明信片

你是否真的接受了自己怀孕的事实?

我只知道我自己用了很长一段时间才完全消化这件事情。怀孕一开始对我来说只是一个理论概念,我并不知道怀孕到底意味着什么。老实说,直到如今,每当我看到这个聪明可爱的小男孩放学回到家的时候,还是会有不真实感,会惊讶这么美好的他竟然是我的儿子。

你的怀孕对你来说意味着什么?

对于有一个孩子,成为妈妈或者爸爸这个认知,你的感想如何?对每一对夫妻来说,这个经历都是新鲜的、独一无二的,对每位女性来说,怀孕的经历都是不同的。每个人都有不同的故事,脑海里是不同的画面,也会带来不一样的健康状况。所以,对你的朋友来说是正常的事情,对你来说却未必。同样的道理,在你怀前两个孩子的时候正确适当的事情,现在也不一定适用。如果你从一开始就学会听从自己内心的声音去鉴别对自己好和不好的事情,而且在必要的时候可以与人沟通,那么就会事半功倍,因为最重要的人就是你自己。你是你的孩子的"健康发源地",只要你觉得好就可以，所以你孕期的重中之重就是把自己照顾好，这个任务也只有你才能完成。

怀孕期间，子宫里一直在发生着神奇而有趣的事情。一开始是两个细胞在生长，然后它们会互相结合继而分裂，一个小生命通过这种方式孕育长大。同时，细胞内部也在发生重要的事情。一个成年人体内大约有一百万亿个细胞，而一个婴儿体内大概有五万亿到六万亿个细胞。九个月的时间内从两个细胞变成六万亿个细胞，简直神奇！这几万亿个细胞，每个细胞的核心都是一个细胞核，细胞核内的细胞信息是以 DNA 形式储存的，这些信息在每个细胞内都是一样的。那么细胞怎么知道自己是应该成为婴儿脚上的皮肤细胞还是婴儿眼睛上的细胞呢？只通过基因当然是不行的，这就像电脑没有软件便不能工作一样，每个细胞都还需要一个"通知单"。"通知单"来告诉基因各自的任务，然后它们就知道哪些信息应该表达，哪些不应该。这样的任务在细胞内通过甲基来工作，甲基通过与某些基因结合的方式来将其"关闭"，这样的话细胞可以分化成脚上的细胞、眼睛的细胞或肠的细胞。还有第二种方式来确定细胞核内的哪些信息应该得以表达：DNA 围着一个由特定的蛋白质——组蛋白构成的"轴心"盘绕，通过它盘绕得松或紧可以控制基因是否被完整表达。盘绕得越紧，基因就越不好识别。

上述这种方式不仅可以使细胞分化成特定部位的细胞，而且还能适应特殊的生活状况。比如，怀孕期间宝宝通过妈妈摄入的营养获得养分，并且通过妈妈体内的激素情况获取外界世界的信息。记者安妮·默尔菲（Annie Murphy）将这个过程称为**"来自外面的明信片"**。通过这个过程，小生命在出生前就了解到很多重要的事情，比如：我期待的这个世界安全吗？那里有充足的高品质的食物吗？

都有哪些食物？外面是热还是冷？在这个世界，小孩子会健康成长还是会没有安全感？或者忍饥挨饿，生活艰难？

在提前了解之后，孩子会完美地适应这个他将要降生、成长的世界。如果这个世界是恶劣的，那么为了能够在这个世界承受得住，很有必要把自己也变得"粗糙恶劣"一点；如果外面的世界是敏感的，成长中的婴儿也会变得敏感起来；如果食物很少，那么适当存点货是对生存有帮助的。所以为了给你的孩子寄送积极阳光的"明信片"，请好好照顾自己。因为你感受到的所有事情，你的孩子同样也能感受到。无论你感到幸福还是焦虑，都会有相应的激素通过胎盘传达给婴儿。**事实上，他的压力机制早在你肚子里的时候就运行了，所以你不仅不需要担心，而且适当的压力甚至对宝宝有好处。**

"你是怀孕了，又不是生病了。"很多怀孕的人都听过这样一句话。这句话的意思是：继续工作，不需要停下，我们还得一起努力，你不应受特殊待遇。怀孕不是生病，而是一场真正的冒险，但这并不表示，你就可以忽视此刻你的体内发生的事情，就像之前说过的那样，你的体内正发生着奇迹，这件事情要比制造月球探测火箭还要复杂一万倍。而且你的身体在短短九个月的时间内，完全自主独立地完成了这件事情，很难想象它竟然用你提供的有限的东西组合成了一个全新的人！

我们如今所处的社会中，"母亲"的生活艰难，原因有二：

其一，"家庭"在社会中地位尚且不高，更遑论"母亲身份"了。直到"血与土"时代〔Blut und Boden，中文译成"血与土"，指民族的生存依靠血（民族的血统）和土地（农业生产的基础），起源于 19 世纪末的种族主义和民族主义，是纳粹意识形态的核心组成部分],"母亲身份"这个词听起来都是不正当、不成立的。

其二,"工作"在社会中有着崇高的地位,我们以工作为荣。我们面对的是战争或战后的一代,这代人真正在乎的就是单纯的生存。但是对我们来说,更为关注的是生活质量。然而,车子更大一点或是手机更新一点并不代表生活质量高,我认为一般情况下生活质量与你身边的人有关。请你试着听从你内心的声音:对你来说,生活质量意味着什么?要提高生活质量,你需要哪些人的帮助?如果可以自由选择,你最希望得到什么帮助?20世纪60年代和70年代,女性承担了建设国家的重任,直到如今,在我们的社会中女性都丝毫不逊色于男性。这个伟大的社会现实很遗憾地导致有些并非女性的事情也由女性来承担。"一位女性可以像男人一样工作,即使她随身带着血液、细胞组织和一个会踢人的、正在生长的胎儿。"安妮·默尔菲·保罗写道。

我们试着让自己进化成一个女超人,就像动画电影《超人特攻队》里的一样:完美女性、完美的劳动力、完美的母亲。也许是时候回头看看,也是时候试着对自己好一点了。就像之前说过的那样,你的体内正发生着一个奇迹。

怀孕不是生病

许多女性注意到她们在怀孕期间嗅觉变得更灵敏,更容易恶心,也变得更敏感,神经也更紧张。不需要大惊小怪,这是身体自动生成的重要保护功能。因为女性体内正生长着一个小生命,这个小生命对人体来说是陌生的,为了避免对胎儿产生排斥反应,母亲体内的免疫系统会关闭。她虽然不是生病了，却更容易受病菌的影响，这就可以解释为什么怀孕的女性更多疑而且没有安全感。所以，请你严肃而认真地对待你体内的信号并学会适应它们。

☆ 帮　　助

我们现在假设你的生活质量本质上都是由人际交往决定的，那么问题来了，在你生命这段特殊的时期中，你希望谁在你身边？谁又会毫无保留地站在你这边？

我针对该问题做过调查，当人们被问道："作为一个母亲，在怀孕期间哪些人是最重要的？"其中被提及最多的答案是"我的助产士"，其次是"我最好的朋友""我的妈妈"和"我的丈夫"。值得注意的是，大多数孕妇会从已经生过孩子或是让人有安全感的女性身上得到帮助，比如助产士、婆婆、妇产科医生等，她们都可以帮助孕妇舒缓激增的恐慌感并平复情绪。

我也有过类似的经历。怀孕的那段日子，我经常跟我的母亲在我喜欢的公园散步，也很喜欢给我的表姐或我的闺密打电话。那些让你信任的人，比如你的闺密、你的好朋友、你的丈夫、你的母亲，你可以尽量多和他们见面。

☆ 找好你的助产士

大约在胎儿 15 到 16 周的时候你就可以着手寻找你的助产士了，因为你做超声波和筛查的时候他们都会对你有所帮助。一个助产士是否合适，取决于很多因素：你希望助产士只进行产前还是产后护理？她在医院受过专门的训练并具有相关证明文件吗？你想在医院生宝宝还是在家里？你可以根据上述信息筛选你周围的助产士。

如果你希望你的助产士成为你的"私人助产士"，并且能够百分之百信任她，那么这无疑是一件好事。由于你在怀孕阶段格外敏感，所以听取一下中间人的建议也是很有必要的，你可以询问你身边的朋友她们的助产士怎么样，以及她们觉得选择助产士应该注意的事情。

如果你收不到个人建议，你也可以从你身边寻找。若你的周围就有熟悉的助产士，而且在你有问题或是有事情的时候你可以迅速地赶到她那里，或者她也可以快速地到你身边，这也不失为一个选择。总之，理想的状态就是你和你的助产士的距离尽量近一点。

☆ 营养供给

之前已经谈过，你的体内正在孕育着一个新的生命。为了顺利完成这项伟大的事业，体内大量的细胞、激素和"信使"都在协调工作，它们就像"建筑工人"一样，用你体内的原材料"建造"出小生命，而且它们的原则是，只有最好的原材料才能用到小生命身上。也就是说，它们会从你体内的储存中选取"原材料"，但是如果它们在你的体内找不到有价值的、完美的"基石"，它们就只能退而求其次，选择你体内能用的"材料"。换句话说，**如果妈妈缺乏营养，宝宝也不会拥有良好的开端。**

这种现象主要取决于你。如果你的体内缺少宝宝需要的营养物质，会发生什么呢？你可能会被剥夺当妈妈的资格，因为你会更容易生病，变得虚弱，做事没有效率，也更容易抑郁。你应该善待自己的身体，并且尽量让自己感觉舒适。除了要吃饱、穿暖和保持心情愉悦，补充营养也很重要，维生素、矿物质和微量元素等物质不仅是你需要的，也是你的孩子需要的。因为这些物质有利于胎儿的发育。其实，最理想的情况是在你开始怀孕的时候，你的细胞内就已经完全具备这些物质了。

饮食上，你要尽量选择你了解其成分而且能说出这些成分的食物。另外，这些食物最好是你自己在市场上或者在家附近的农场购买的。当然，偶尔吃一次素食比萨也无可厚非，但是每天都吃却是不可取的。如果你一直以来都是单一饮食，你也不需要恐慌，也不必急于短时间内就让自己的饮食习惯有180度的转变，因为这对大多数人来说都是一件不可能的事情。我的建议是，你还不如在饮食中慢慢降低不健康食物的比重，与此同时，提高健康食物的比重。你还可以在形成良好的饮食习惯之后，奖励自己新鲜压榨的水果或者蔬菜汁、绿色冰沙或者偶尔一块黑巧克力。

记住，不要"为了两个人"而吃饭，要做自己开心的事情！

☆ 活动与按摩

在孕期快要结束的时候，我感觉自己就像是一只搁浅的鲸鱼，动弹不得也不开心。回过头看，我想主要原因是我虽然努力让自己活动，但是也仅限于每天骑自行车上班或者到公园散个步，除此之外就没有多余的活动了。另外，我每周吃的奶酪小面包的数量不容小觑，甚至多于蔬菜的量。活动量不够加上糟糕的饮食这两种习惯在非怀孕阶段尚且没什么好处，更何况是孕期了。

如果人体的组织和肌肉供血、供氧充足，对胎儿和妈妈本身都会大有好处，也可以使妈妈的生产变得顺畅。大多数女性应该都知道游泳对分娩是非常有帮助的。即使你怀孕之前喜欢整天瘫在沙发上，孕期你也可以让自己适当地游泳。因为游泳不仅可以活动关节，还可以使人精力充沛。如果你怀孕之前就热爱运动，那你更没有理由在孕期不运动了。而且，科学家也建议孕期应该进行适当的运动。

"定期锻炼可以帮助妈妈保持精力充沛，有效减少背部问题和水肿，也可以防止过度的体重增长、孕期糖尿病和抑郁。"记者米歇尔·罗斯写道。

不知道你的周围有没有气功治疗或整骨疗法？有的话，你可以去做一次或几次这种治疗，在家的话你也可以做一下简单的按摩，你可以告诉你的伴侣，按摩哪个地方会让你觉得舒服，让身体得到放松：是背部下端？肩膀还是后颈？

幸福的妈妈

只有让你自己变得幸福，你的孩子才会感到幸福。你可以与朋友见面，去森林远足，和丈夫在街上闲逛，处理完长期堆积的工作……做任何一件能让你感觉幸福的事情。你的孩子会接收到你幸福的信号，而这也正是你所希望的。（我个人认为，这里的"幸福"并不是指沉醉在舞厅里，这不但不会让孩子感到幸福，还会让他陷入极大的恐慌中。）

☆ 适度的紧张有好处

你现在也许会想,"如果我没有办法一整天都用瑜伽来舒缓心情怎么办"或者"怎么办,我偶尔工作中会有压力!我担心我的宝贝,毕竟现在生活中并不是所有事情都让人愉悦"。请你不要为自己的压力而担忧!其实,你的体内有各种各样的保护机制:其一是怀孕的人比其他人都要镇静沉着;其二是名为"11β-羟基类固醇脱氢酶2"的酵素在胎盘中可以将母体中大部分的皮质醇转化分解,使之对胎儿无害;其三是科学家认为,妈妈可以通过与宝贝的亲密联系来均衡压力带来的消极影响。

事实上,正常的生活压力对婴儿来说是有好处的,就像成年人"在电流之下"会觉得有活力、更清醒一样,日常压力对你的宝宝也有好处。

马里兰大学的发展心理学家詹妮·迪彼得罗(Janet Dipietro)认为,那些在母体内受到轻微压力的孩子,在他们两岁的时候,其运动技能和精神层面都比其他同龄人发育得好。迪彼得罗认为,这些孩子早在母亲子宫内就锻炼了他们的神经系统,"轻微的压力是良好发育的必要条件"。

☆ 有压力的妈妈,有压力的孩子

虽然轻微的压力刺激有利于孩子的生长发育,但是如果压力不断发生,从而使孩子发育中的小脑不断遭受大量皮质醇的影响,这样不仅不会促进孩子的发育，还会过犹不及。在这种情况下，孩子接收到的"来自外界的明信片"会告诉他：你所期待的这个世界是危险的、捉摸不透的，而且随时都会有灾难发生。

长期遭受超强压力的孩子，比如损伤性的经历、暴力、酒精、毒品等，会在母体内发展出不健康的压力应对模式：过激或过弱的反应。无论哪一种反应都会对孩子的健康、智力以及社会行为有不良的影响。但同时也要提出的是，**孕期的创伤并不意味着永远的诅咒，因为爱可以治愈很多东西。**

☆ 理智消费

不知道你有没有听过这样一句话，这句话在脸书和朋友圈上广为流传。"如果你出生在 20 世纪 70 年代或者 80 年代，那么……那么你会摸着有毒的家具长大，然后你会抱着含铅的玩具，也许是一个含塑化剂或聚氯乙烯的布娃娃。我想这段话想表达的其实是："即便如此，我们还是健康地活着。"遗憾的是，大量证据表明，它确实是对我们有害的。大部分化学物质，即使是很小的剂量，也是有害的，这在我看来是很恐怖的。双酚 A、邻苯二甲酸、杀虫剂等化学物质的危害有时可以隔代遗传。也就是说，部分父母是完全健康的，但是不良后果却在下一代身上出现了。即使是很微量的化学物质，也可能在以后的生活中引发哮喘、自闭症、糖尿病、癌症、不孕不育、认知障碍、超重、出生缺陷、新陈代谢功能障碍等疾病。

我们没有办法逃离生活的环境，而且我们每个人身边都不可避免地围绕着化学物质。2009 年，由来自美国、加拿大和荷兰的多位科学家共同合作的一项调查研究了 10 位新生儿的脐血，他们从中发现了232种潜在的、有害的化学物质。当然我们一味恐慌是没有意义的，但是也确实应该注意这个问题，因为宝宝在怀孕期间和出生后的第一年都是特别敏感的，这两个阶段是他们的快速成长期。作为父母，我们在消费购物时要多加注意，以确保我们的孩子能够在一个纯天然无添加的环境中成长，理智购物很重要，也应该会很有趣。

☆ 关　　注

爸爸低沉的声音在妈妈的腹部响起的时候，宝宝会转向爸爸放在肚子上的大手。爸爸妈妈每天都会花时间抚摸肚子并且试着和宝宝说话，有时候妈妈会哼歌给宝宝听，有时爸爸会给宝宝弹吉他。和已经出生的婴儿一样，未出生的宝宝同样享受着父母的关注，与父母的对话以及与父母一起度过的时光，所以早在孩子出生之前，父母与孩子之间（尤其是爸爸与孩子之间）就已经建立起一种亲密的、直觉的关系。

法国妇科医生米歇尔·奥当是生育研究领域的先锋。他收集了庞大的数据库，先后写了许多指导性的书籍，这些书籍被翻译成多种语言出版。如今他虽已年逾八十，却仍然为"自然分娩"在全世界奔走。在他待在伦敦的那段日子里，我有幸于2012年9月拜访过他一次。"我认为，"他说，"怀孕的女性要清楚一点，那就是，目前的科学研究表明一个人的健康与否在很大程度上是在母体中决定的。这意味着，**孕妇的幸福安好远比我们想象的要重要得多。也就是说，必须要保护好孕妇的情绪。**"

标准检查和个人责任

我认为出现"高风险妊娠"情况的原因有二：其一，与五年前相比，女性生第一个孩子时的平均年龄有所增加，而且普遍较胖。其二，是因为日渐精确的诊断技术。借助诊断技术预判可以拯救个别生命，主要是可以提高警惕，即使是很细微的问题，如今的诊断技术都可以发现，而这在过去的年代是做不到的。虽然数据表明，高风险症状的出现频率在5%~10%，但在我看来，基本上没有完全正常、毫无问题的妊娠。就像米歇尔·奥当博士写的那样："在日常生活中遇到一个'正常的'孕妇是不可能的事情，每一位孕妈妈都至少有一个被认真照顾的理由。"

> "陪在孕妇身边的人都应该有这样一个念头：照顾好孕妇的感受。比方说，在与孕妇相处的过程中，不要让她有类似焦虑之类的负面情绪。"
>
> ——米歇尔·奥当

在做各项标准检查之前，你就要问你的妇科医生："这项检查是检查什么的？""检查结果如何？""有没有什么原因导致了某种检查结果？"如果医生说几毫米大的胎儿"太小了"，那意味着什么呢？可能是测量误差；可能是你的孩子比假定的要小一点；可能是他天生是一个相对小的孩子。你不能改变任何事情，所以为这些事情担心不安是很不明智的。但是有很多女性被这些想法搞得神经紧张，诸如"我的宝宝太大了""我的宝宝太小了""我宝宝的脑袋太大了""我宝宝的脑袋太小了""我宝宝的肚子太大了"……

　　这种恐慌感无论对母亲还是孩子都没有益处，只会给他们带来伤害，不仅会让母亲陷入不必要的压力之下，还会让他们由此变得非常敏感，导致一种不美好的思维模式。也许会影响父母与孩子之间的关系，甚至会延续至孩子青春期的时候。比如，知道了检查结果之后，父母可能会想："一位专家告诉我，我的孩子有缺陷，必须要加以诊治。"我认为这种思维方式是很危险的，作为父母，应该每时每刻想着："你这么棒，我的孩子，你真的很棒！"这样多好啊！

　　但是你可能会问："如果检查结果表明孩子确实有某种障碍，该怎么办？"这个问题只有你自己可以回答。如果你发现你的孩子患有唐氏综合征，你会怎么做？如果你赋予了你的孩子生命，他却没有生存能力，你又会怎么做？

　　我当时的想法是，我并不想决定什么样的生命是有价值的，什么样的生命是没有价值的，所以我也不想要任何的检测。另外，我觉得检查结果并不都是准确的，是会有误差的，而且测试的结果与数周的孕期相比不值一提。我当时在想，如果做了检查之后，我被告知我的孩子可能有生理缺陷，但是也许实际并非如此呢？万一我的孩子真的有特殊需求，之后还需要我的力量，那么在孕期我就更不应该为此再耗费不必要的担忧了。当然这是我的选择，不一定是你的。

☆ 血糖检测

米歇尔·奥当认为，仔细权衡孕期检查的利与弊是非常重要的。他认为，如果孕妇在看过医生之后更恐慌，感觉更糟糕，那么这是极不可取的。米歇尔极不认同那些标准化、普及化的检查，因为这些检查不仅毫无用处，还会让妈妈们恐慌不安，预防孕期糖尿病的血糖检测就是其中之一。安大略的一个团队开展了一项庞大的调查，调查涵盖了1984—1996年所有在加拿大健康信息院注册的婴儿，他们发现患糖尿病的婴儿数量随着检测年份的增加而增长。该项调查发言人认为，出现这种情况的原因归根结底在于集体检查的全面化，这项调查对妊娠初期并没有什么积极作用。奥当指出，在积极的诊断之后，通常情况下要进行营养咨询，而营养咨询早在妊娠一开始就应该进行。

☆ B 超

另外，B超检查也是标准检查中的一项。关于B超检查，奥当列举了各种大型调查，调查数据表明，无论父母有没有做B超检查，健康出生的孩子数量都不会有多大影响。那我们到底要不要做B超检查呢？

"太不可思议了，我有多不需要这个！"我的好朋友贝尔基说道。那时她放弃了给她的第三个孩子做B超检查。"让我惊讶的是，通过这种方式，我感觉我和我的宝贝关系密切了很多，而且我和他能更好地交流。"其实这点很好理解，当她不再只依靠眼睛来看的时候，她的自我感知就变得更强，而且她对她自己的身体和她的宝贝有了更多的信任。如此，她很早就了解了自己宝贝的个性，而不是只通过B超结果来了解宝宝的长度和大小。

我认为，大自然让孩子秘密地成长不是没有理由的，所谓"秘密地成长"，就是让宝宝在不被注意的情况下在自己的小世界里成长。从这个角度来看，B超其实是对孩子私人领域的侵犯。也许B超并不像我们认为的那样毫无危险性。我们之所以认为B超没有危险，很简单，是因为它如今变得标准化、普通化了，我们去质疑一件日常的事情似乎显得很可笑。但是网络上总是有这样的说法：B超会使羊膜囊变热，这对胎儿来说是一件很可怕的事情。当然科学的现有研究认为这种说法有局限性，B超其实就是利用超声波。超声波的频率大于人耳能听到的范围，换句话说，媒介在遇到超声波后先将其挤压再将其展开。这个过程似乎对于细胞分裂、分化以及塑造生命都是无害的，但其实它也并不是全无坏处的。我们可以想象一下，细胞膜被一种名为"成洞"的过程损坏了，细胞之间的交流也被破坏，这样的后果是细胞没有被告知，谁应该成为肠细胞，谁应该成为脑细胞。如果是这样，那就糟糕了。2006年，耶鲁大学团队对妊娠期的老鼠使用超声波并观察研究其后代。他们发现，用超声波处理过的老鼠"大脑发育表现出小的但是显著的异常"。他们认为，"这个结果还需要对非人类的灵长目动物的大脑进行后续研究，并对产前超声波检查进行观察"。

B超的有害或无害是辩证统一的，如果说它是有害的，那么为什么我们还把这样一项有害的检查标准化、普遍化呢？B超当然有其合理性，例如，它可以帮我们及时发现异状，更有甚者可以挽救孩子的生命。但是，我认为一定有比B超照片更好、更有意义的照片，这些照片也更有资格作为家庭相册中的第一张照片，比如孕期的大肚照，或者是孩子可爱的小手的照片。

庆祝新生命

如果给你做产前、产后护理的并不是和医院合作的正规助产士，那么她就不能陪你生产，在这种情况下，利用导乐陪伴分娩的方式就愈发受欢迎。其实导乐陪伴分娩存在的时间和人类文明一样长，但是最近这段时间才掀起了一股热潮。这种方式最早是从美国开始，在美国，助产士本质上和我们有所不同。导乐陪伴分娩人士并不是助产士，而是一位善于应付自然分娩的有经验的女性，她在医院的身份是陪伴孕妇的朋友，而且她主要关注着孕妇是否安好。

许多导乐人士还知道很多庆祝新生命降生的方式，并且在各个时期都有不同的礼节习惯、庆祝活动和仪式。其中一种方式就是"祝祷式"，最初这种形式是北美纳瓦霍族的一种风俗习惯，后来慢慢演变成全世界范围内的祝贺妈妈和新生儿的仪式。

我听人说过她们难忘的经历。"我作为导乐人士陪着妈妈们经历了很多祝祷仪式，大多数时候，宾客们和妈妈们都会选择烛光仪式（因为几乎所有人在这个仪式上都会有所触动甚至落泪）。比如，在一个填满沙子的人托盘中间放一支蜡烛，可能是一支带有照片的蜡烛或者是装饰得很漂亮的蜡烛，这支蜡烛就代表妈妈。象征妈妈的大蜡烛旁边会有很多小蜡烛，宾客们依次点燃这些小蜡烛，同时说一些激励祝福的吉祥话，然后把小蜡烛插在大蜡烛周围。整个场面很感人，特别是最后伴着微微烛光，看到所有的小蜡烛围绕在大蜡烛身边。很多人都会在孩子出生时点燃象征着妈妈的蜡烛。""我最想要珍珠仪式。每位宾客带来一粒珠子,并说一些吉祥话祝福妈妈,然后把这些珠子用细绳穿成串,最后将其戴在新生儿的脖子上或手上。""我举办了一个婴儿派对,派对上所有的妈妈们讲述自己的育儿经。我们弄了一个红绳仪式——所有的女性手腕上都戴着一根红绳,等我生产那日,她们互相告知,然后向我送来温暖贴心的问候并剪断手上的红绳。哦,对了,我是在家里进行水中分娩的。""我收到了一串很棒的珍珠手链,我的脚被按摩过,头发被认真地梳理好,我还收到了一个日记本,里面有每位妈妈都很用心地写了一些话……之后我可以在上面记录我的育儿日记。我也确实是这么做的。"

希望你能从这些小故事中受到启发,经历一个属于你自己的独特的生产仪式。请你坦然接受时间和友情的馈赠,并安然地让自己做那个焦点。

③ 安全生产

"寒风中，一个女人在营地里等待着，她马上就要生产了。然后她离开了营地，去了草原上的某一个地方，一个她也许之前就准备好的地方。这个女人在营地外独自分娩，这是她的第一次生产，但是她的身边一个人也没有，这种情况下她的母亲应该陪在她身边。"

——伊丽莎白·米歇尔·托马斯

《老办法》

破裂的梦

有什么事情在我身上发生了，它不像烟火一样稍纵即逝，也没有让世界静止、时间停驻，只会让人意乱情迷。宝贝躺在我的肚子上，用他那大大的、深灰色的眼睛看着我，我也在看着他，突然之间，产房里除了我们俩，仿佛再也没有任何人。他和我忘记了时间，当然在我的意识边缘还有我温暖体贴的丈夫，那一刻我仿佛看到了世界的尽头。

虽然身边的人让我陷入恐慌，他们在我身上插满仪器，从躺着的我的体内把孩子拽出来，但在那一刻，这一切都显得没那么重要了。虽然我们周围的空间挤满了人，他们一边给我缝合盆底，一边往我胳膊上注射静脉针，但在那一刻，这一切也不再重要了。我欣喜若狂，感觉所有的一切都很美好，我爱这个世界。当然我最爱的是这个小家伙，他那么温暖、那么柔软地躺在我的怀里。我愿为他做所有的、所有的一切，直到生命的终点。

后来有人想要给他量体重、测身长。我被迫把我的眼睛从他身上移开了一会儿，这让我很舍不得。我像母狮子一样伸长脖子、抬高脑袋，一刻也不想跟他分开。但是我突然想到，他们把他暂时夺走也没关系，他总是属于我的，他必须待在我身边，我要保护他不受世上一切困扰。"他在一个小时之内不会长大的，他就在这儿。"我这样告诉自己。

我们之间的关系很密切，从一开始就是。我认为这不是偶然，出现这种情况的原因在于，我们很幸运之前遇到了对的人，他们给予了我们正确的信息。我需要这些信息让自己足够强大，能够像狮子一样有话语权，在出现问题的时候有能力及时去保护我的小家伙。我希望，无论外界情况如何改变，都不会改变我和我的孩子之间建立起的这种深厚的联系。

预产期前几周我就开始做梦，梦中的我在烛光摇曳的家中，伴着莫扎特的音乐自然分娩。我希望我的生产像我一个朋友阿斯特丽德的那样，她所有的孩子都是在家中的卧室出生的，而且很顺利，仿佛这是世界上最简单的一件事情。阿斯特丽德最小的孩子生产得尤为顺利，而且第一时间欢迎小宝宝的是他的大姐姐们，而不是别人。梦中，我分娩前的宫缩一开始是轻微的，之后就越来越强烈，但是我还可以和我的丈夫商量一些事情。为了迎接宝贝来到这个世界，我们希望把一切都安排布置舒适。不知道从什么时候开始，宫缩愈加剧烈，就像是适当的、井然有序的、艰苦的劳作，却并不折磨人。在那之后，我们的儿子降生了，就在家里，身边只有他的父母和助产士。梦中的有些部分不知怎么变得有些模糊，只依稀能看出我们三个在经过这一切之后躺在了床上，然后深情地看着对方。我们一起安静地享受这个瞬间。

现实却不是这个样子的。真实分娩的时候，我在存了一肚子水的情况下被测出高血压，妇科医生和助产士都不淡定了。我和我还未出世的孩子"说话"，告诉他是时候从里面出来了，因为"莫扎特"在外面等着呢。我还总是在想，我们一定可以做到的，我的孩子出生之后一定不会大哭，因为外面岁月静好。可是孩子却不是这样想的，他想着："我还不想出来呢，我在这很好。"

我的血压还在上升，水在肚子里让我像一只气球一样涨了起来。妇科医生和助产士因为我的高血压，表现得出奇的一致："子痫，妊娠痫证，情况糟糕，有可能会丧命。"情况是很糟糕，但是我并没有子痫的所有症状，而且我做过的不计其数的检查中也没有一项结论是我的宝贝有什么异常。"平静一点，妈妈。"他说道。但是我听得也不是很清楚，因为助产士这时喊道："他现在必须出来了！"妇科医生也说："他现在必须出来！"（其实我之后从医院给的生产记录中了解到，当时我的血压值虽然已经达到了"临界值"，但是也并不像大家表现得那样可怕。）最后，我的丈夫和挺着孕肚的我在一个周四的中午去了医院，我们在医院迎接分娩的到来。

其实我向你们省略了很多关于人为的宫缩的细节。在宫缩开始的几个小时中，我经历了数次徒劳的尝试，整个人恍恍惚惚不知所处，脑海里只剩下我和我的宝贝。我试着让自己放松，但是这并不容易。因为一束强光打断了我，然后不断有人进进出出而且像要对我做些什么，我想要闭上眼睛不看这明晃晃的光，宫缩让我整个人有点紧绷，我试图让自己平静下来，但是这有点困难。

"迪邦女士，我想你需要出去走一走。你现在想走走吗？"

我不知道，但是我好像必须这么做，虽然我现在正承受着宫缩之苦。

"迪邦女士，你觉得怎么样？"

天哪，这需要问吗，谁经受着宫缩之苦会感觉不错？我现在当然感觉很不好。

"迪邦女士，您需要什么？"

"盆！"呕……

"迪邦女士，您想喝茶吗？"

不知道。我现在正在这怀着孩子，你看不见吗？"我不知道。不要。"

"但你现在必须喝点东西。"

我现在什么都喝不下，我很累。

"不然你就得静脉注射生理盐水。"

现在这些都不重要，好吗？反正我全身都插上了仪器。"盆！然后看在上帝的分上给我一杯茶。"

"你想喝什么茶，迪邦女士？"

"对我……来说……啊——无所谓！"

是你想要我喝点东西的。

"我们有甘菊茶和黑茶，还有薄荷茶。也许甘菊茶比较好？"

之后的几分钟也可能是几小时内，我一直在宫缩，在那期间我还勉强咽下两口已经变凉的茶。之后我的丈夫拿走茶，给我换成水，我试着忽略宫缩并且想要和我的孩子交流一下，但是很遗憾我没法做到那样的情景。

"你想不想洗个澡，迪邦女士？"

理论上是想的，但是事实上我真的不知道我应该怎样进去洗澡。"我想不用了。"

"但是这会让你有所放松。"

这会儿一定要什么都讨论一下吗？我都说不要了，还不够吗？

在我挂完两瓶生理盐水又服用了各种止痛药，并且为了对抗寒冷而服用了马钱子之后，已经是半夜了，除了我被搬到太"分娩床"上，更换了一批人员之外，事情还是没有实质性的进展。我刚松了口气，以为可以放松一会了。直到……

"晚上好，迪邦女士，我是值夜班的实习助产士克斯汀。"

我真的不关心你是谁。啊——"什么？不好意思，你好。"

子宫口张到了四厘米，我还是在宫缩，此外就再没有做什么了。然后宫缩弱了一些。

"也许我们现在要给您注射一点杜冷丁……"

这难道不是吗啡之类的吗?"这到底是什么?"

"噢……这会让你轻松一点。在未来一两个小时会让你有点困,宝宝也会困,但是除此之外没有有害的地方。"

好吧……

我的丈夫记得我们的助产士说过,杜冷丁也是有好处的,比如在动手术的时候可以挽救分娩。不管怎样,一切都已无所谓。"应该的,"我说道,"即使是用毒品。"

这个时候,我的丈夫不能再待在里面了,他必须出去。我觉得事情的进展跟我们被告知的不一样,我好想逃离,但是我和小家伙都被"下了毒"。

第二天早上三点,我从麻药中清醒过来,当时的我在躺着,子宫口张开着。呀,身上还有各种仪器!这时门再一次打开了,伍尔夫进来了。我和他在幼儿园的时候就认识了,我还记得四年级的时候他得了脑震荡,到了中学我们就失去了联系,我们有时会在同一个生日宴会上遇见,除此之外就再也没有交集了,我都不知道他竟然成了妇科医生。

助产士长想要用产钳或活塞把我的孩子从我体内拽出来,但是伍尔夫更想要将他挤出来。他们后来又叫来一位对于挤压孩子有经验的助产士,伍尔夫就坐在我的两腿间。

"我现在要对你的盆底进行麻醉。"

明白,然后你就会开刀了。我没有大声呼救,我只想让分娩的痛苦尽快消逝。

"加油!"

他们三人一组在我的肚子上操作,然后把我的孩子挤出到这个世界。我的儿子出生了，来到刺眼的探照灯灯光下，来到一双他并不认识的、戴着橡胶手套的手中。

他立马野蛮地大哭起来，其实我也想号啕大哭，因为他来到这个世界的方式太让人气愤了。很快他就哭得上气不接下气，快到我们还没能抗议。

"我们必须立马剪脐带。"

好吧，虽然我们粗壮的助产士长没有说过这个，但是我还是知道的，我们必须探讨一下能否不要立马剪掉孩子的脐带，甚至探讨一下是否可以再让孩子在肚子里再待会儿。之后我们还讨论了硝酸银眼药水和维生素 K 的用量问题。当他们抱来极度疲惫的孩子时，我们就结束了这些话题，因为比起吃那些化学处理过的大豆，我更愿意让我的孩子吃母乳，而且维生素 K 的事情在第一次哺乳之后也可以再探讨。

他们带来了医院的病床。"不用了，我们不需要这个，"我这样说道，"我们现在就回家。"为此自然又是一场争论，最后还是伍尔夫出场干涉道："这是可以的，你们现在可以回家。"

四点左右我的儿子出生，七点左右我们就在家里的床上了，接下来的一周我们没再挪动过。

回顾当时的情景，我至今还会觉得荒诞可笑，但是不可否认，就是经历这样一次担惊受怕的生产之后，一个优秀的、可爱的、有趣的、聪明的、好动的、健康的、有天赋的、漂亮的、伟大的孩子在成长。我看到了我们之间完全健康的联系，然而我一想到我的朋友在家里或在医院里完全不用"武力"的分娩，就会有点难过，遗憾我们不曾体验过这样相对平静的分娩过程。

其他动物是如何分娩的

其他的哺乳动物是如何分娩的呢？整体又是怎样运作的？那些激素是怎样发挥作用的？

妇科医生和生育研究家米歇尔·奥当在他的研究工作中一直强调神经肽催产素的重要性。神经肽催产素被称作**"分娩激素"**或**"爱情激素"**，从广义上讲，它的任务是保护和愈合。比如，它为分娩过程保驾护航并且可以促使子宫收缩，之后它会把胎盘的分泌物运送到体内的运输管道处。在分娩之后，催产素含量在母体内达到最高值，它能让母体和孩子之间有良好的联系，并通过快速愈合伤口减少出血量。

在与人交往的过程中，催产素还可以让人有安全可靠的感觉，所以它也是安全感激素。当我们感觉到安全和被保护的时候，当我们身边的人体贴温柔且我们百分百地信任他的时候，我们就会分泌催产素。另外，奥当认为，催产素还是一种很"害羞"的激素，只有在我们有安全感且没人注意到的时候，它才会工作。所以许多哺乳动物才会在不被注意到的情况下分娩，比如在黄昏的时候独自分娩。

"不是这样的！"我反驳道，我读到这儿的时候向米歇尔·奥当提出质疑，"也有一些动物，它们生产的时候旁边是有'助产士'的，比如海牛、海豚、大象。"

"大概是因为，助产士的本质在人类历史上是全新的概念（不会久于一万年），但并不是说助产这个概念是我们人类这个物种特有的，"他回答道，"对于海洋哺乳动物和大象来说，陪产动物的作用是警惕防范，也就是保护生产的动物不受外面猛兽的袭击，它们并不是在那提供帮助的。唯一一个可能提供帮助的例子就是，母海豚会把刚出生的小海豚带到水面，让它呼吸第一口气（如果这种情况发生）。"虽然动物助产士比如说大象在正常情况下也是向外张望，但是有实例表明，在分娩的时候，助产大象能够提供舒适直接的帮助：几年前，美国动物园的一只母象即将分娩，饲养员将它带到一个用栅栏围起来的地方。饲养员的本意是让大象免受打扰，但是很快饲养员发现事情并没有按照他想的那样发展。他在焦急之中给远在欧洲的对于大象分娩很有经验的同事打电话求助。"助产大象在哪？"他的同事问道。饲养员于是把另一头大象带到要分娩的母象旁边。那头大象不断地用它的象鼻子抚摸母象（有利于分泌催产素），让它平静。当母象生下小象休息的时候，助产大象把小象弄干净并一直在照顾小象，直到母象能够照顾它为止。

"织着毛衣的"助产士可以拯救世界

同动物一样，人类女性大多时候也希望得到一份不缠磨人的、有力的帮助，关键是这份帮助不会让她有被监视的不舒服感，而是有被保护的感觉。如果我们觉得有威胁，体内的分娩激素就不会发挥效用。在有压力的情况下，我们会分泌使宫缩停止的激素。所以，我们的女性祖先在把她们的孩子带到这个世界上的时候，也尽量远离危险。我们大脑中负责调节激素的部分并不理解逻辑上合理的联系，它只会在判断出周围环境是陌生的、不自然的、有潜在敌意的时候作出相应的反应。

因此，让妈妈有安全感是很重要的，要为分娩的妈妈构建一个"无处可寻的地方"，这个地方是绝对安全可靠的，只有在这样一个安全的地方，孕妈妈才会全神贯注地分娩。但是怎样才能让分娩地点成为这样一个安全的地方呢？很简单，只需身边有一位让我们感觉舒服安全的人，而且这个人可以保护我们的空间，比如说助产士。

对分娩的女性来说，最放松的情况就是有一个"织毛衣的助产士"：她们是能够提供帮助的女性，她们精通分娩流程，能够为产妇提供安全感，不会打扰产妇，而是静静地站着，看起来并不起眼，并且最好做着自己的事情，比如织毛衣。对于这类助产士，大多数分娩的妈妈们会觉得她们很舒服、体贴、不令人讨厌、有安全感而且业务熟练有能力。

☆ 什么有利于分娩的进行

所有与哺乳动物天性相协调的事情都能够有效推进分娩流程的进行。如果一个分娩的女性有了安全感，那么她体内的分娩激素就会在黑暗的保护下有所作为，因为她有机会随时撤退而不被人觉察，还有分娩时自然发出的声音或大喊大叫，在不被看到的情况下更容易进行；如果女性能够在她喜欢的时候自由活动、吃饭、喝水，这也是有利的；如果在分娩的时候有一个业务熟练的女性在身边（助产士、导乐人士），她在做着自己的事情（比如织毛衣）而且也不明目张胆地监视产妇，这都有助于产妇安全感的建立。

☆ 什么不利于分娩的进行

担惊受怕、刺眼的光、被注视的感觉……这些都不利于分娩行为的进行。就像待产的女性被逼着喝水一样，有人不断观察她们的阴道并汇报各种信息（比如"她现在张开到七厘米了"）。这些行为不但不会帮助到产妇，反而会打扰她们。

即将分娩的女性到处被管制、被监视，或者她们的活动机会被限制，这些情况都不利于分娩的进行。尤其严重的是，如果产妇感觉需要进行自我防卫，应对压力的激素甚至可以让分娩停滞不前。

我们出生的方式很重要

分娩进程可能会影响母亲与孩子之间的关系，甚至会影响孩子与世界上其他事物的关系，而这种影响可能会持续一辈子。"一个人爱别人的能力在出生的时候就确定好了。"当我们在米歇尔·奥当家里的卧室交谈的时候，他解释道。"嗯……我的分娩经历就很糟糕，尽管如此，我还是认为我的儿子是有爱别人的能力的。"对于他的说法，我斗胆提出反对意见。"这件事情还可以修补吗？"奥当笑道，"在这件事情上我们不能用个例来思考，它一定是由大量的数据和趋势堆积出来的。"他收集整理了大量的研究并从中得出了他的推测。他认为受到干扰的自然分娩与之后各种疾病和问题的出现是有数据联系的，从广义上来讲，这也会影响到孩子爱自己和爱别人的能力，归根结底是与催产素含量低有关。

自古以来，自然分娩都是人们浪漫美好的祈愿，如今一系列与之相关的科学实证让人们越来越客观地了解分娩这件事情。俗话说得好：顺其自然。自然早已为我们设定好了一切，我们只要不与自然设定的相悖就万事大吉，否则不仅会让我们损失爱的能力和与别人相处的能力，还对身体甚至是国民经济都有影响。

"宝宝出生后前几个小时和前几天的影响有可能会影响他们一辈子"，发展心理学家阿莱莎·索特尔（Aletha Solter）写道。事实上，越来越多的证据表明，这种影响和糟糕的家庭关系有关。大部分因多动症接受治疗的孩子在出生时都有状况发生，甚至是暴力犯罪行为也与分娩时的复杂情况以及母亲的疏忽有数据联系。

上述提到的这些情况希望你都没有。我希望你和你的宝贝都过得很好，而且希望你现在正沉浸在与宝宝融洽相处的美好的世界里，希望在未来的十到十二年你也都沉浸于此，想要做到这一点，顺利分娩就是一个很好的前提。

为了给你和你的宝贝一个好的开始，分娩时一系列的激素和体内传递信息的化学物质共同协作，这是一个密切配合的体系，如果这个体系发生混乱，经常会诱发一系列连锁反应。激素虽然不会直接导致某种行为，但是它们却会影响在某种特定情况下可能会表达的行为方式。

自然宫缩的好处

琳达·帕尔默博士

催产素和母亲

催产素是一种让人感觉舒适的联系性激素，催产素会影响我们一辈子，催产素的分泌尤其与皮肤接触有关。催产素最主要的作用期在分娩时和分娩后，宫缩期间分泌的催产素为子宫收缩服务，有利于宝宝的顺利产出。孩子在进入产道的时候，母体会唤醒更多催产素分泌，同时大脑中催产素的含量也会有所提高。

每当母亲与新生儿有所接触或者互相看着对方的时候，大脑内高含量的催产素会帮助母亲与新生儿之间形成强烈的联系。在分娩之后的一个小时甚至更长的一段时间内大脑内的催产素含量依然很高，并且会催生母亲与宝贝之间的信任、平静和舒适感，同时催产素还会导致记忆的模糊不清，这样的话宝宝和母亲会对他们刚刚经历的痛苦有所忘记。如果它没有影响到你的话，没关系，它还准备了别的"舞台"——成功的哺乳。第一次尝试哺乳会导致更多的催产素分泌，如果在分娩之后就进行初次哺乳，那么催产素还有助于产妇的宫口收缩而且能防止大出血。

催产素的整个作用都是在母亲的大脑内进行，催产素不仅可以推动母亲饱含爱意的母性行为，还可以帮助母亲在初次哺乳时产生自然感受，导致母亲除了把孩子抱在怀里并对孩子的哭闹作出反应外什么都不想。在整个孕期期间，以及母子之间有身体接触尤其是在哺乳的时候，催产素会作用于母亲的大脑。但是就在分娩之后，催产素发挥作用的这扇窗户会被自然的宫缩关上，从而导致母体大脑内催产素受体和压力应对受体的改组。

同样有证据表明，女性大脑内的高催产素值会在催产素分泌的同时，对附近的任何一位男性产生吸引（正好解释了分娩之后爸爸陪在身边的原因）。

☆ 如果身体的计划被打断

人工合成催产素（Pitocin）是模拟催产素（Oxytocin）而制成的用于触发宫缩或促进宫缩的物质。这种合成催产素并不是通过"血液——大脑"这条线发挥效用的，所以使用合成催产素的妈妈们会错过很多本应在分娩时发生的事情，而这些事情大部分是催产素作用的，比如联系、平静、舒适感和遗忘等。如果分娩时使用麻醉剂，孩子在经过阴道的时候母体就不会分泌催产素，那么之后一系列由催产素引发的大脑反应也不会发生，所以该母亲的母性行为便不是以自然的方式触发的。同样地，没有经历过自然宫缩的剖宫产也不会发生之前说过的一系列催产素效应，剖宫产前的宫缩只是其中的一部分，但并不是全部。另外，如果孩子在出生的时候使用了药物，那么他对于催产素引发的有利条件也会失去先机。

母亲的大脑如果拒绝分泌催产素，产后抑郁的风险会升高并且会影响母子之间的关系。可以确定的是，经历过剖宫产的母体哺乳时分泌的催产素值低于自然分娩的，这会导致母亲精神烦躁，甚至导致哺乳不顺利。

在分娩时，其他激素也会协调工作，它们大多都会在自然进程受到侵害时发挥作用。比如内啡肽，人体自身的天然镇痛剂，在自然宫缩时致力于阻碍人造催产素的作用。一般情况下，由于缺乏持久的、感同身受的帮助，母亲在宫缩时会产生焦虑情绪，这会导致母体不断分泌压力激素，这在一定时间内会改变压力应对行为并诱发产后抑郁。

☆ 保护宝贝

在分娩期间，母体的催产素可以通过胎盘进入婴儿大脑并安抚宝贝，可以有效舒缓宝贝的压力情绪，这样的话，即使在供氧量和血糖降低的情况下，宝贝的大脑也不容易受到损害。虽然合成催产素也可以进入孩子大脑发挥作用，但是却缺少对适当量的天然调控。

与自然分娩相比，使用合成催产素的母亲会存在过度调控的情况，这样可能会使婴儿的大脑产生供氧危险。没有经历自然宫缩、通过剖宫产出生的胎儿得不到母亲的保护，母体在分娩的同时会给婴儿的大脑提供糖分，但是如果母亲在分娩的时候被妨碍进食和饮水，那么这项供给也会被妨碍。

婴儿在孕期的最后一个周已经从母体获得了特定的抗体，但是这种转换大部分发生在分娩的同时。所以，如果婴儿是通过没有风险的剖宫产出生的，他就有可能缺少这种抗体，这类婴儿在出生后的第一个月与自然分娩出生的孩子相比死亡率高出三倍。

自然分娩时的激素变化还有利于清理婴儿肺部排出的流动性物质，一般是通过吸收这些流动性物质或者通过收缩形成的某种自动清理功能，另外两种分娩方式自然没有这一功能。有数据表明，人为促进的宫缩生下的婴儿出现呼吸问题的概率是自然分娩的婴儿的两倍，没有经过宫缩剖宫产生下的婴儿出现呼吸问题的概率是自然分娩的四倍，而且剖宫产对婴儿肺部的这种影响是长期的，因为剖宫产产下的婴儿发生过敏反应的概率是通过阴道出生的婴儿的两倍。

☆ 寻找最健康的开端

虽然分娩没有按计划进行并不代表失去了一切,但是我们分娩时的选择对于母子关系和成功哺乳都有极大的影响。自然分娩是预防孩子疾病的屏障,同时能够强化母亲的满足感。孩子会带着特定的潜能出生(天然),但是父母的选择(环境)也会在很大程度上决定,这种潜在的能力是否体现出来。

出生地点

你已经决定好在哪里生宝宝了吗?分娩的地点有很多种可能性,但是最后你选择的地方一定是最能满足你需求的。

"医院"是其中一种答案,但不一定是标准答案。其实你在哪儿生宝宝都是一样的,因为你的生产是独一无二的,而且在哪儿生产都是安全的,也就是说在哪儿都是有可能自然分娩的,而且(几乎)在哪儿都有可能经历一次顺利的、自主决定的分娩。

☆ 在医院生产

如果你想在医院生宝宝,那么你可以在朋友圈打听一下你的朋友们觉得哪家医院是不错的。你要仔细听他们字里行间隐含的信息,比如从医院的工作人员是否对人尊敬这一点,你可以了解到宝贝是否有机会自然分娩?医院的技术水平是怎样的?医院会为母子关系做什么?某家医院是否有类似"上帝保佑躲开了灾难"的故事?

在这家医院是否要受到各种干涉？等等。

"干涉有什么不好吗？如果医生时刻注意不让我的宝宝发生什么意外，我觉得这很好啊。"一般来说这自然是好的，但重要的一点是，陪在身边的那个人相信自然分娩而且不会过多干预。不必要的干预会使得分娩在刚开始的时候就不那么理想，所以你需要一个能够重视并且保护自然分娩进程的人，而这个人基本上是第一次认识。

也有的医院存在这样的情况，他们很重视母亲与孩子之间的关系并将其视为第一要务，认为它比手术时间安排、换班、流程都重要。汉堡门前的温森医院就是一个很好的例子："我们作为生产救护团队在温森医院工作，我们遵照世界卫生组织和联合国儿童基金会的原则，为那些年轻家庭提供最好的获得知识的机会，我们想让他们在这里获得安全感，因为我们认为安全感是自主决定，并让孩子安全降生的必要条件。"如果你从你的医院的网站上读到了类似的话，那这已经是一个很好的开端了；如果你在与闺密的交流会上收获了她们的好评，并且至少有三个朋友在那儿都有很好的生产体验，那么极有可能说明那家医院是一个很好的生产之地。

☆ 在家里生产

许多父母都觉得在家里生宝宝是一个很好的想法。因为在家里你就不用打包行李，不用出发去别的地方，当开始宫缩的时候，你只需要待在你习惯的环境里就行。但也有很多人觉得这个想法有点吓人，因为他们担心在家里生产没有在医院那么安全。

我当时是很愿意在家里生产的，卧室里有烛火和分娩用的小池子，身边只有我的丈夫和我的助产士，也许还有我的母亲。我们一开始也没有这个想法，但是由于我身边很多女性向我讲述了她们在家生产的经历，这些叙述让我很心动。抛去吸引人这一点不谈，想在家里生产，难道不需要胆量和勇气吗？

其实没有这么夸张，科学家们对此有研究。2009 年，荷兰的一项研究表明，在家生产的女性死亡风险不高而且也不会对孩子造成损伤，当然前提是身体状况经过证实是健康的，并且身边有良好的助产设备和安装这些设备的条件。同年，加拿大的相关研究得出了同样的结论，两组实验者死亡率都极低而且在孩子损伤方面也没有区别。第三项研究也得出了这样的结论，但是却指出，有数据表明，在家里分娩比在医院生产危险性更低甚至是更没有危险性，因为干预经常会破坏母子之间的关系，也就是说，在家里出生一般意义上来讲对于关系更有促进性，这对孩子的舒适感和长期情绪上以及身体上的健康来说很重要。

☆ 在分娩中心生产

你家附近有分娩中心吗？你可以多加观察，并试着认识在那工作的人。因为对那些既不想在家里生产，又觉得在医院生产太没有私密性的父母来说，分娩中心是一个完美的解决方案。在分娩中心，你可以事先悄悄地认识你的助产士，而且产房还会提供一些独特贴心的服务，这些服务并不是所有医院都会提供的，比如，可供整个家庭使用的舒适的房间，分娩姿势的自由选择权，天然镇痛物。

> 小声一点——
> 他旅行太累了。
> 他从很远的地方来到这:
> 从天空经过海洋,
> 从海洋的黑黑的路走到陆地,
> 直到他找到这个小摇篮——
> 小声一点。
>
> ——宝拉·德默尔

分娩计划

在生产前,你可以和你的助产士一起讨论一下你想要怎样的分娩方式,并把你的想法记录到分娩计划中,你只需要简单地记录一些关键词,即使有时候命运也许安排了另一种计划。

分娩计划只是一个愿望单,而不是预订单,但是有了它的帮助,你可以提前想到可能出现的情况,并且在情况紧急的时候不至于仓促之下随便决定什么。

分娩计划可以是如下展示的这样,你也可以根据自己的需要适当调整。

陪同者:

＊伴侣

＊助产士

＊亲属或朋友

＊孩子

分娩前我希望：

＊拒绝不间断地监视

＊安静

＊他人的照顾

＊遵照我个人的时间安排

分娩期间我希望：

＊柔和的灯光或黑暗

＊我喜欢的音乐并且音量适中

＊安静

＊拒绝闲杂人等

＊自由活动

＊按照我的意愿吃东西、喝东西

＊自主选择姿势

＊有水浴分娩的机会

＊拒绝过度的阴道检查和 B 超

＊拒绝打扰

＊全面的手术信息和足够的考虑时间

＊自主选择镇痛剂

分娩后我希望：

＊可能的话，我的宝宝由我或我的伴侣抱起

＊等待脐带停止搏动

＊我的宝贝出生之后应该立刻放到我的肚子上，让我们的皮肤

相接触，而不是送去冲洗、称重、包裹或者穿衣服

＊不能和我的宝贝分开，他出生后的第一个小时拒绝打扰

＊第一次检查在初次哺乳之后

＊拒绝硝酸银眼药水以及任何抗生素眼药水

一旦是剖宫产：

＊我的宝贝在出生之后应该立刻放到我的肚子上或放进我丈夫的怀里，皮肤与皮肤接触，而不是去冲洗、称重、包裹或者穿衣服

＊一旦我的宝贝需要医学治疗，希望我的丈夫全程陪同

另外我希望：

＊不向宝贝喂食，不给他提供茶、水、糖等，只给他哺乳

＊四小时的母婴同室或可移动床

＊允许尽快离开医院

分娩陪护

如果分娩的时候有体贴可靠的陪护（无论是母亲、好朋友还是导乐人士），而且她能一直陪在产妇身边，给产妇按摩背部并时刻留意、及时满足她的需求，这会有利于分娩顺利进行而且很少需要镇痛剂。这种情况也得到了科学的证实。有研究表明，**如果分娩时导乐人士在场，并且能够不断安抚、帮助产妇，那么分娩过程就很少需要使用镇痛剂。**

导乐人士的在场甚至有长期的作用。分娩六周之后，有导乐

人士陪护的妈妈与宝贝以及伴侣之间的关系更和谐。这种陪护不必是受过专业培训的导乐人士,可以是朋友、母亲或是姑妈,只要这个人会认真对待产妇的意愿并且在她需要的时候能够温柔地帮助产妇。

此外,有经验的朋友或导乐人士的陪同还可以降低干预的风险,这不仅会让你轻松解压,也会让你的伴侣放松,这样的话他就可以更关注你(或者他自己),也不至于处在一种对他来说完全陌生、也许还有点惊心动魄的境况中。

☆ 父 亲

在我生我儿子的时候,我感觉自己很无助,虽然我的丈夫就站在我身边,并尽他所能地陪在我身边。但是其实他也很无助,因为他也没有经历过这样的事,他眼睁睁地看着他的妻子在那呻吟啜泣,看着他的妻子颤抖、呕吐却无能为力。他尝试着给我倒茶,但是我不想喝茶,我希望有个人能够终止这一切,有个人能把灯关上并把身边围着的这些人打发走,这样做才能让我安静地生下孩子,很显然我的丈夫不能完成这项任务。尽管如此,我仍然很高兴他能在我身边,这让我很幸福,因为他在我身边我就会觉得很安心。尽管他并不知道他能在我分娩时为我做什么,但是这又怎样呢?他也是第一次经历分娩啊!

几乎所有的母亲在分娩时期待孩子父亲做的事情一般都不会被满足。就像伟大的分娩研究者马歇尔·克劳斯(Marshall Klaus)写的那样,"我们希望父亲做到的这些事情的难度,不亚于不经训练就到专业足球队去比赛"。这本来就不是特别公平的,怎么能要求一位年轻的、没有面对过这种事情的男人，面不改色心不跳地应对这些呢？因此米歇尔·奥当建议，在分娩时应该让女性在不受干扰的情况下自己分娩，至于父亲，他更愿意将其看成一个"守门员"。在我的脑海里浮现了这样的画面，在石器时代的洞穴里，女性在生孩子，而即将成为父亲的男人手里拿着武器站在洞口提防着猛兽。

对穿上了白大褂要承担医疗职责的人来说，还要兼顾去提防猛兽是很困难的，况且还不确定他现在做的事情对生命来说是必要的还是干扰的，但是父亲不一样，他可以让灯光柔和一些，他可以去办各种手续，他可以接待亲朋好友并不让他们打断产妇的宫缩。所有的这些琐事，父亲都可以处理好。

分娩之后

☆ 为什么不立即剪脐带

人体给我们提供了很多精确的机制供我们支配，这些机制也包括母体（胎盘）为婴儿（肺部）供氧，我们要注意不破坏体内的这些机制。

宝贝出生之后，他的肺部还需要几分钟才能完全适应自己的工作，为了在肺部正常工作之前能够有一定的储存以应对这种变化，在这几分钟的时间内，胎盘就要准备好三分之一的血液和一定的供氧储存。之后，心脏关闭通往脐带的心脏瓣膜，然后血液开始流经肺部，胎盘由此得到一个信号：你不再被需要了。通过这种方式，婴儿自己决定从什么时候开始不再需要胎盘。有的胎儿可能还需要再适应一下，他会让胎盘再工作一会儿，这个过程可能需要半小时或者更久，所以胎儿在出生之后不应该立刻剪脐带。

虽然现实生活中孩子出生之后立马剪掉脐带似乎已经成了一种习惯，但还是有一些医院会在脐带停止搏动之后才剪脐带。

产妇在分娩时使用的很多药物有可能造成供氧不足。讲到这一点，就不得不提到一个人——威廉·温德尔。一百多年前，威廉·温德尔生于美国印第安纳州，他长大以后，开始对人体解剖学和神经学产生了极大的兴趣，他在不同的地方求学授课，直到有一天，他想知道如果给分娩的猕猴妈妈使用人类产妇会用到的药物会发生什么。

然后温德尔对猕猴妈妈做了同人类产妇一样的处理：当宫缩开始的时候，它们被注射了（按照它们大小选择适宜的剂量）麻醉剂，刚刚分娩之后就立刻剪断猕猴宝宝的脐带。结果温德尔发现，所有的猕猴幼崽必须人为辅助呼吸，因为它们的供氧功能尚不能运作，另外，它们也不像大自然中刚出生的猕猴幼崽那样活蹦乱跳，它们也没办法抓紧它们的母亲，而且猕猴妈妈也筋疲力尽，没有能力照顾它的孩子。总之，如果没有温德尔介入的话，幼崽没有办法存活。

当然这是很多年前做的实验，如今的药物药效温和，剂量也精准。而且人类也不是猕猴。尽管如此，通过这项古老的实验，我们还是可以领悟到一些东西的。

皮肤与皮肤接触

当我儿子趴在我肚子上的时候，我的脑子根本无暇去想为什么、怎么会这么棒。我只是觉得他就属于那里。凭借本能，我也许领会了科学家们确认的一点：分娩之后的皮肤接触是缓解"分娩压力"的最好的机会。这些研究者们调查了分娩之后的"敏感阶段"，皮肤接触对妈妈和宝贝的长期影响并得出结论，25~120分钟的皮肤接触以及尽早哺乳在未来的一年内都会对妈妈与宝贝的互动有所影响。

另外一个研究团队调查了分娩之后皮肤接触在神经生物学方面的作用。他们观察了47位新生儿，其中有一半的婴儿在出生之后有长达一个小时的皮肤接触，另外一半没有皮肤接触，然后所有的婴儿都经历了同样的阶段。科学家们发现，四小时之后，经过皮肤接触的婴儿与其他婴儿相比状态更好，他们睡的时间更长、睡得更深，而且他们的小胳膊、小腿弯曲得更轻松。

分娩之后的皮肤接触还降低了产后抑郁的概率。在一项大型综述研究中，科学工作者总共观察了34组这样的研究结果并总结出，皮肤接触不仅对于成功哺乳有显著的积极作用，而且对婴儿的心肺功能和血糖都有好处。

但是世上所有的研究和数据都没有比亲眼看过我的孩子与他柔软的皮肤更有说服力，当然还有他那讨人喜欢的小嘴巴。

☆ 防止产后抑郁

当对一个新的小生命负责的时候，并不是所有事情都是乐观的。在生产之后的一段时间内，由于激素情况异常，大多数女性会患上"抑郁倾向"，其中有20%~47%的女性的这种"抑郁倾向"不会消失，而是慢慢地发展成产后抑郁（PPD）。

如果你什么都不想做怎么办？如果你觉得太烦躁而且找不到正

确对待宝宝的方式怎么办？如果你并不像万众期待的那样爱这个小生命怎么办？

即使出现这样的情况，也并不代表你是个"坏妈妈"，只是说明你极有可能患上了产后抑郁。但是好消息是，这种病是可从治疗的，而且大多时候会完全治愈。

在一些网站上有调查问卷，你可以对自己是否有产后抑郁进行自我评估。

产后抑郁的迹象可能是：

- ☑ 你感觉自己内心空虚
- ☑ 你经常没有理由地哭
- ☑ 你和你的宝贝相处"并不感觉温暖"
- ☑ 你的脑海里有这样的想法：我好辛苦或者我的孩子让我遭受了这一切
- ☑ 你总是有想把自己和宝贝冲洗干净的感觉

有人在六周大的宝宝大脑内找到了抑郁体系，也就是说有抑郁情绪的妈妈生出的宝宝也极有可能会抑郁，即使妈妈在婴儿期之后会逐渐好转。

这类孩子在他们的整个孩童时期早上的皮质醇含量会普遍升高，此外他们的抗压能力较弱，一般情况下容易生病；这类孩子也更容易有联系障碍，在后来母亲尝试靠近的时候不会作出反应。伴随而来的还有，孩子会变得"很难教育"且很难集中注意力；同时研究者还在他们身上观察到了认知障碍。

如果你觉得自己有产后抑郁的嫌疑，尽量及早寻求帮助。为了你的孩子，为了你们之间的关系，同时也为了你自己。

剖宫产分娩的母子关系

越来越多的孩子通过剖宫产出生,据米歇尔·奥当称,出现这种趋势的原因在于不断变弱的人类催产素系统、不断改进的手术技术、财政利益和分娩恐慌等。1991年,剖宫产概率还是15.3%,如今大约是其两倍,也就是30%以上的宝贝是剖宫产出生的,有的地方甚至达到40%左右。不同医院和地区的差异表明,从医学角度来看,并不是所有的剖宫产都是有必要的。

无论怎样,有一点需要明确,即使是剖宫产,母子之间也是可以建立第一次联系的,只要注意一些事情并且事先和医院的相关人员谈过这个问题。

剖宫产须知

卡特里娜·吉尔·海格曼(心理学专家)

真正柔和的剖宫产是不存在的,但仍然有办法让这个"大手术"对孩子和准父母来说容易一点。最重要的是,和陪同人员商量,认真倾听并准确表达个人的愿望和需求。

剖宫产前准备工作:
* 在医院预先找好助产士
* 平静地和医生进行详尽的交谈
* 参观产房和新生儿病房
* 最后一步:等待宫缩的发作,当然对于这一步不同的医院的做法也是不同的

剖宫产时:
不同的情况如下。

*爸爸陪在手术室。他在手术准备期间陪着太太，在太太进入手术室后，他会套上手术隔离服并再次来到手术室，陪在太太身边，直到孩子出生。之后他可能会陪着孩子去做常规检查或是陪在太太身边，直到手术结束。

*丈夫把太太交给隔离室后就去产房，在那等着迎接他的孩子，会让孩子紧紧依偎在他的肚子上或胸膛上，直到手术结束，妈妈被带到产房。

剖宫产之后：

遗憾的是，有一些医院在剖宫产手术后会把产妇带到恢复室进行术后观察。她们躺在恢复室里，而她们的孩子正在由别人照顾。所以你一定要表达清楚你的意愿，告诉医院你在手术之后希望被送到产房。

幸运的是，现在有越来越多的医院决定重要的术后观察交由助产士来负责，所以产妇可以在手术结束之后直接被带到产房，并在那伴着柔和的灯光，也许还会有自己带来的音乐，平静地度过和自己宝贝的第一个小时。助产士可以帮助你立马给孩子哺乳，孩子也可以通过和妈妈皮肤与皮肤的接触来向世界问好，所有医院要求的例行检查都可以平静地在适当的时间去进行。你可以自己安排事项，比如，你可以在孩子测身长、量体重之前就给他哺乳，孩子也可以光秃秃地享受和妈妈以及爸爸的皮肤接触。在剖宫产之后，由于天然激素分泌部分缺失，皮肤接触就显得非常重要，通过皮肤接触，很多重要的激素会被催动，比如有助于联系的催产素和有助于泌乳的催乳素。

如果宝宝出生后的一个小时之内所有事情都进行完毕，产妇和宝宝会被安排到新生儿病房。有的医院设有家庭房间，一家人可以一起住，有的医院没有这样的家庭房间提供，而是会提供一间双人病房，可以放两张床，也可以把医院的床推到一起用作家庭床（床与床之间的缝隙可以塞上遮盖物或哺乳枕)。如果想要帮助刚刚做过手术的妈妈和宝宝相处,那么伴侣在医院陪夜会让一切简便一些。

④ 优质温暖的母乳

"大脑是一个社会化的器官,人类互相之间的联系不是奢侈品,而是生存下去的基本养分。"

——丹尼尔·西格尔

灵丹妙药

如果分娩顺利，而且周围的环境也没有干扰，你的宝贝在出生之后的第一件事就是睁开眼睛看着你。你会迷失在他大大的眼睛里，不知什么时候他就开始在你的胸上摸索着，希望得到温暖、香甜的母乳，只要一点就好。一开始只有几滴初乳，却富含对人体有益的细菌并且热量丰富。

够幸运的话，哺乳就这么顺利地进行了。你的激素会大跳"探戈"，你会越来越爱你的宝贝，同时，你的宝贝也会越来越爱你。所有事情都是美好的。

也许还有一些不足的地方，在让一切步入正轨之前还需要一些工作，至于为什么会这样，我之后会详谈。无论如何，你的付出都是值得的。因为母乳对宝宝的健康来说绝对是灵丹妙药，母乳会给宝贝提供营养物质、激素、抗体、对人体有益的细菌以及一系列后续有用的物质。

在我儿子六岁的时候，我们一家骑着自行车到附近的小村庄去游玩，我们在那看到一个小牧场，牧场上有一只小牛犊静静地躺在牛妈妈的身边，小牛犊浑身还是湿的，脐带从牛妈妈后腹部垂下，微微地打着晃儿。牛妈妈轻柔地舐舐着小牛犊并轻碰它的鼻子，小牛试图站立起来，腿却一直在打弯儿，略显吃力。牛妈妈再次碰碰小牛，小牛再次勇敢地想要站立，但是它再次摔倒。牛妈妈轻舔小牛并碰触小牛，小牛仍然努力尝试。大约一个小时之后小牛才站立起来。哺乳的过程与站立相比就很简单了，小牛顺利地找到母乳并成功地喝到了母乳，这似乎是动物与生俱来的能力。

同样的道理，狗宝宝会喝狗妈妈的乳汁，小犀牛会喝犀牛妈妈的乳汁，对它们来说，妈妈的乳汁里准备好了它们生命需要的、期待的所有物质，比如有利于快速成长的蛋白质、促进大脑发育的乳糖等。虽然有的乳汁是黏稠的，有的是稀薄的，但是所有的乳汁都是为了给后代提供养分并促进他们的发育，以便更好地适应这个世界。

就像牛、狗、犀牛等这些哺乳动物一样，人类不应该再纠结于"哺乳还是喝奶粉"。为什么一个哺乳动物要用别的方式喝奶呢？喝母乳是哺乳动物的天性。当然，并不是说我们就不可以喝奶粉，我们可以在特殊的情况下喝奶粉。但是有一点要清楚，其他形式的乳汁对我们来说并不是最佳方案。比如，鲸鱼的乳汁像凝乳干酪一样黏稠，我们的宝宝可能根本就无法下咽，当然，我们的宝宝也不会每天长二十公斤。与之相对的，一些幼兽比如猫和狗的乳汁又是非常腻的，因为猫妈妈经常会抛下她的宝宝外出狩猎，所以当视听系统尚未发展起来的小猫幼崽要想挨过这段时间，乳汁就必须能让它们饱腹且能提供能量。牛、马等动物的乳汁又和其他动物的不一样，它们的乳汁富含蛋白质，因为它们的幼崽必须在很短的时间内长出肌肉，而它们的乳汁不允许有很强的饱腹作用，因为幼崽需要在群体中存活下去，也就是说当群体迁徙的时候，幼崽需要有饥饿态，从而本能地跟着妈妈。作为人类，我们既不是猫狗幼崽，又不是牛马幼崽，那会是什么样子的呢？与其他灵长目动物相比，我们身处复杂的社会关系中，我们需要灵活的大脑，我们的大脑需要碳水化合物，也就是热量。为了能够生存下去，一个成年人的大脑在静止状态下就要消耗人体内全部卡路里的四分之一。

除此之外，人类婴儿要想生存下去并且正常成长发育的话，就必须确保大脑这个社会性器官能够被体贴、慈爱地对待，比如说通过皮肤接触。所以我们不能像棕熊一样独自生活，我们需要有同类在身边。所以我们人类的乳汁是甜的、富含碳水化合物的、不含油脂的，它没有持久的饱腹感，易消化。碳水化合物向大脑供给发育的燃料，而乳汁的易消化则是为了让宝宝一直和母亲保持密切的接触。

相比较而言，人类的乳汁中只有少量的蛋白质，但是这少量的蛋白质不是随便一种蛋白质而是牛磺酸。母乳中含有丰富的牛磺酸，牛磺酸对于眼睛和大脑的发育非常重要，由于这种氨基酸婴儿本身不能生产，只能依靠外界摄取，所以在婴儿发育的关键时期哺乳是很重要的。

哺乳的十大好处

哺乳真的是大自然一项了不起的发明。即使你不哺乳，我也真心地希望你能够仔细地阅读下面这几个要点。这些要点可以为你解答诸如为什么我们哺乳是有意义的；为了你和你宝贝的健康舒适，要注意哪些方面；以及你在选择奶粉的时候要注意什么之类的问题。

（1）哺乳可以加强联系而且能够让人放松

哺乳期间会分泌大量催产素，这种化学物质能让人产生愉悦感，而催产素又会促进催乳素的分泌，进而促进泌乳。除此之外，催产素还会让我们无法自拔地爱我们的孩子。母亲体内循环着越多的催产素，她就会越乐于把爱倾注到孩子身上。

英国的一个科学家团队发现，母亲的大脑在哺乳时与其他时候也有所不同，从而能够享受大量的催产素，而在正常情况下催产素由下丘脑产生后经由血液循环分散到各处，或者作为信使经由神经系统传送。

科学家认为，哺乳时的神经末梢自己也会不断摄入催产素并分泌催产素，大脑仿佛在催产素里"淋浴"，这样的话，无论是妈妈还是宝宝都会感觉愉悦。

（2）哺乳让爸爸"像妈妈一样"

催乳素不仅可以帮助妈妈们分泌乳汁，而且还是"慈母激素"。有趣的是它对于爸爸和身边其他的宝宝看护者也有影响，早在孕期第一周，爸爸体内的睾丸激素含量就会有所下降，催乳素含量上升。当妈妈在哺乳的时候，空气中都弥漫着催乳素，所以在妈妈身边的人以及长期照顾宝宝的人都会成为潜在的宝宝保护者。

在分娩研究领域大有成就的米歇尔·奥当指出，我们整个社会表现出来的样子表明了我们平均哺乳时间不长。他推断，一个"富含催产素"的社会倾向于考虑婴儿和孩子的需求，甚至可以称之为重视孩子的需求。他推测在一个这样的社会里，彼此尊重才是"自然的法则"。

（3）哺乳的妈妈患产后抑郁的可能性低

更确切地说，不哺乳提高了产后抑郁的概率。这是符合逻辑的，因为我们哺乳动物一方面依赖着联系，另一方面易受我们体内的激素影响。假设体内的激素准备好一切之后，宝贝却没有在胸部吮吸，女性的身体会如何报告呢？胸部会"想"，孩子死掉了。但是幸运的是我们并不只是由激素调控的，人体内还有许多其他的机制，这些机制让激素的影响相对局限化。但是我还是惊讶于我们人体机制的精确度，我对人体越了解，越觉得我们最好不去打扰人体机制的自然进程。

2013年，一个研究团队针对为什么哺乳会对产后抑郁有抵抗作用提出了新的理论，他们认为，怀孕期间妈妈的体内会累积维A酸，当维A酸积累到一定程度时，妈妈容易产生抑郁情绪或是有自杀倾向。但是通过哺乳，母体会把维A酸转化为大量的维生素A并分给婴儿，这样的话，不仅孩子补充了营养，妈妈也会逐渐削减她的积累剩余。

总而言之，我们知道哺乳是有益的。条件允许的话，就这么做吧！

（4）哺乳可以降低孩子突然夭折的风险

孩子的突然意外死亡又称为婴儿猝死综合征，这绝对是噩梦！为了让我们的孩子健康地活下去，我们要怎样做？很遗憾，答案是我们不能保证。生命是没有生存保障的，我们能做的是不要让人为的营养摄入提高婴儿的死亡风险。

2011年，由德国、美国和新西兰组成的一个国际研究团队在相关研究资料、文章和数据中发现哺乳和婴儿猝死综合征之间可能存在某种联系。结论是，哺乳的婴儿突然死亡的可能性远远低于奶瓶喂养的孩子，如果孩子完全喝母乳，抵抗力会更强大。

（5）哺乳节省时间

母乳其实是很实用的，不仅不需要半夜起来烧水，也不需要消毒，不需要搅拌，不需要冷却，母乳温度适宜，而且可以不断供给。孩子饿了的话也不需要等上好久，孩子也就不会哭闹，会更加方便、高效。

（6）哺乳可以省钱

母乳还很实惠，你不需要为了给孩子提供最好的营养物质而出门寻觅、耗时耗力，也不需要每月支出五十欧元的奶粉钱，你可以把这笔钱攒起来，然后在合适的时间选一家自己喜欢的体验式酒店去享受一下。

（7）哺乳保障了健康的肠菌丛

你知道我们体内和身体表面生活的细菌、真菌和其他微生物的数量是人类细胞的十倍吗？而且这些微生物的基因与人体的基因比几乎是100∶1。我们和这些微小生物完美的共生，它们是我们的一部分。它们帮助我们保持健康并且协助我们的机制正常运转，我们把他们称为"人类微生物"。

之所以提倡哺乳，是因为哺乳可以左右孩子体内的微生物情况，换句话说，哺乳可以决定孩子体内哪种细菌、真菌或者其他微生物占上风，一般的还是较好的。

人体内的微生物失了平衡就很容易生病。科学家认为微生物错乱往往容易出现以下疾病：癌症、哮喘、过敏、自闭症。当然并不是说每个刚出生就注射葡萄糖溶液的孩子都必然会得癌症。但是可以肯定的是喝母乳的孩子和不喝母乳的孩子体内的肠菌有明显的区别，这样的情况可能会持续一辈子。

"消化道是所有星球上拥有最丰富细菌群的地方之一。"

——艾瑞克·罗杰

（8）哺乳可以加强免疫系统

除了肠菌丛之外，免疫系统也是人体的"天然屏障"。母乳中的有益物质会分布在肠壁内侧并起到保护人体、抗菌杀菌、加强细胞沟通、防止炎症等作用。"为了保障人体的健康，母乳是必须的"，研究者大卫·纽保写道。

免疫球蛋白A就是其中之一，也是体内"卫士们"的指挥者之一。就像许多其他研究团队一样，美国肯塔基大学的研究团队选用小白鼠作为实验对象。其中一组是健康的小白鼠，另一组是不提供免疫球蛋白A的小白鼠。也就是说，除了不给后一组小白鼠提供免疫球蛋白A，其他所有条件均与第一组相同，研究者发现在断奶的时候，两组小白鼠体内的肠菌丛有显著差异，而且随着年龄的增长差异增大。

很显然，只有在人生的初期阶段从母乳中得到免疫球蛋白A，肠壁细胞中特定的基因才会"调到健康这一档位"。研究者认为，"调到健康这一档位"之后，这种机制可以一直在肠道中保持均衡，并因此帮助人体预防某些疾病。

☆ 保护人体不患中耳炎

其中一种就是中耳炎。你有患过中耳炎吗？我有。最近一次距今已有二十五年了，当时的痛苦我直到今天还记忆犹新。我希望任何人都不要经历这种痛苦，尤其是孩子。

大量的研究表明奶瓶进食和患中耳炎之间存在关联；一方面是因为肠菌丛的改变，另一方面则是因为颌骨肌肉在哺乳时和用奶瓶喝奶时的活动方式不同。

☆ 保护人体不患哮喘和过敏

同样地，哮喘、食物过敏、湿疹、过敏性鼻炎也与免疫系统有关，也与改变了的肠菌丛有关。也就是说，哺乳同样可以预防这些疾病。

"我的孩子并没有过敏"，可能有的人会这样想，或是"对我来说这并不重要"。我敢肯定，我的父母也曾是这样想过。（或者说得更准确些他们当时可能压根什么都没想，因为过敏并不是一件大事儿。）直到我耷拉着头，眼圈红红的，不断打着喷嚏回到家，事情才开始有了变化。

过敏会由于各种各样的因素诱发。只有受过过敏之苦的人才会知道，过敏其实是很强大的敌人，其痛苦程度不亚于中耳炎。过敏并不仅仅是打个喷嚏或者有点难受这么简单，它还严重影响了我们的生活质量。

（9）哺乳的孩子很少会肥胖也很少患糖尿病

我们大家都知道，肥胖的成因并不单纯是吃太多，甚至也不仅仅是因为吃了太多不健康的东西。肥胖的原因还有你的祖父母吃的多少或（对男生来说），你的父亲是否很早就吸烟，甚至取决于你的母亲在怀孕期间是否吸烟。还有一项研究表明，出生时体重太轻以及早期的寒冷经历都会导致肥胖，也可以说，冬天生的孩子都有变胖的趋势。

我们无法左右上述这些因素，但是肥胖其实还与肠菌丛有关，而这一点我们可以在分娩时以及哺乳时加以注意。

（10）哺乳可以预防乳腺癌

"哺乳可以预防乳腺癌。"其实我要表达的正好相反，按照自然的规律哺乳在某种程度上可以预防乳腺癌，而违背这种自然的规律不哺乳则会提高患乳腺癌的概率。其实这很好理解，哺乳的话上皮组织会触发泌乳，从而促进了不同胸部细胞之间的交流，这样的话细胞就不容易癌变恶化。

也就是说，如果你选择哺乳，患乳腺癌的概率会下降。这种说法你可能略有耳闻，但是你听说过，如果你的女儿喝母乳，那么她患乳腺癌的概率也会下降吗？这个发现在1994年就已经由纽约的科学家提出了。他们调查了528位被诊断出乳腺癌的女性，当时她们的年龄大约在四十岁到八十五岁，但是研究者们对她们的婴儿时期更感兴趣，因为他们想要知道，这些女性在婴儿时期是如何进食的，哺乳与乳腺癌之间是否存在数据关系。最后科学家们发现，患癌的女性与另外一组健康的女性相比哺乳比例较低。所以很显然，用奶瓶进食（至少是那个年代的奶瓶）会提高乳腺癌的患病概率。

学会哺乳

即使有时候哺乳会很艰难，但仍然有很多理由表明坚持哺乳是值得的。所谓"万事开头难"，哺乳之路一定不是一帆风顺、一蹴而就的，甚至是已经成功哺乳了两个孩子的妈妈在给第三个孩子哺乳的时候也不一定顺利。原因很简单，哺乳并不像大家想的那样是一种本能行为，它也不是一种反射，正确的哺乳其实是需要学习的，哺乳也是需要技巧和策略的。

我们如今面临的困境是哺乳文化的淡出。从二十世纪六七十年代开始我们逐渐抛弃了"哺乳"文化，直到全球范围上步入工业化国家之后我们开始重拾这一文化。如果你没有立刻哺乳成功,这不算耻辱和错误。事实上,从人体结构上来说,有 2%~4% 的妈妈不具备哺乳的条件。如果你想要哺乳,那么你最好在分娩之前寻找一个哺乳小组和专业的哺乳顾问,这样做有很好的附加效果,比如你可以认识处于相似人生阶段的人,或是和你有相同问题的人。

☆ 这样做可以让你一开始就顺利哺乳

没有人可以保证自己一定可以成功哺乳,但是如果你注意以下几点,你会有很大的机会成功:

- ☑ 分娩后陪在你的宝贝身边并经常把他放到胸上,这样你的胸部就"了解到",它们需要生产母乳。
- ☑ 你要了解正确的哺乳动作。肚子贴肚子,乳头贴鼻子,宝贝的耳朵、肩膀和臀部成一条直线。你在哺乳的时候可以找到一个最舒服的姿势,你可以半靠在床头,然后把宝贝放到肚子上,不妨这么试一下。
- ☑ 很重要的一点是让整个乳头都进入宝贝的嘴巴里,不要害怕,如有可能的话,去向哺乳顾问询问建议,而且赶早不赶晚。
- ☑ 在宝贝一发出饥饿信号的时候就哺乳,不要在他饿得哭的时候才有反应。这个时间点是很微妙的,但是你很快就可以加以辨认了。如果你的宝贝开始左右摆动他的小脑袋,像是在寻找什么,或是他变得不安分并且大张他的嘴巴，这都是饥饿的第一个信号。如果饿得强烈了，那么信号也会剧烈一点：咬手指、吧唧嘴、很不安静。

- ☑ 你可以参加哺乳小组，这会是一个好的选择，但是前提是要在坐月子之后。
- ☑ 在准备阶段就要保证，尽量少给自己压力并寻求尽可能多的帮助。
- ☑ 合理饮水，毕竟多饮水也不会多泌乳。
- ☑ 请你保持沉着冷静，万事开头难，孩子在出生之后重量减轻也很正常。只要孩子健康成长，心情愉快，就没有理由担心。
- ☑ 请你相信你的力量！

☆ 常见问题

如果是在乡村长大，我们就可以看到很多独立哺乳的女性，同时也能学到很多值得了解的事情。关于新出生的宝宝的哺乳问题，新手妈妈们一定会有很多疑问，我将会在这儿回答几个很常见的问题。当然我的回答既不能取代去参加哺乳小组，也不能代替哺乳教科书，这里仅供参考。

有这样六个标志你可以确认你的宝贝在正确吮吸：

- ☑ 宝贝的嘴唇向外翻。
- ☑ 你听不到吧唧声。
- ☑ 宝贝的脸颊鼓鼓的、满满的。

- ☑ 宝贝的下颚有规律地活动。
- ☑ 妈妈感觉不到疼。
- ☑ 能听到宝贝的吞咽声（如果奶水越多，这种声音会越明显）。

如果哺乳的时候你感觉疼，很有可能是哺乳姿势或是放的地方不对。

Q：泌乳还需要时间，但是我的宝贝饿了，难道不应该给宝贝注射葡萄糖溶液或是喂一些奶粉吗？

答案很明确，不要！理由如下：

婴儿的小肠还不能消化所有东西，而且某种程度上说，婴儿进食的食物必须经过加热。基于此可以发现大自然发明初乳不是没有理由的。对你的宝贝来说，在饮食方面没有比初乳更美味、更完美的东西了！

初乳是富含热量的，只要几滴就可以喂饱你的宝贝了。同时它又是很容易消化的，因为只有少量油脂，却含有大量糖类和蛋白质，新生儿第一天的食物就有了保障。此外，初乳中所含糖分可以通便，可以帮助宝宝第一次排便。第一次排便其实很重要，因为通过这种方式可以排出多余的胆红素，从而防止患黄疸病。

初乳过后，宝宝当然还需要"一些恰当的食物"——乳汁。如果宝宝不断吮吸胸部，那么乳汁会在三到四天后由胸部生产，而且乳汁也只能通过这种方式产生。之后你会发现，乳汁的量变多了，乳汁变得稀薄清澈了。

上文提过的不应该注射葡萄糖溶液有两个原因，一是与肠菌丛有关，二是与你宝宝长期的健康有关，而宝宝的健康问题又与你的生活质量息息相关。

宝宝从妈妈的子宫出来到外面生活，环境的变化对宝宝来说是个挑战，为了应对挑战，某些部位首当其冲，比如说咽喉部黏膜、肺和消化道，它们会突然受到大量潜在的病原体的侵害，这是它们之前没有应对过的。但是不需要担心，初乳有办法。初乳被称为"流动的黄金"，其中含有大量免疫球蛋白A，它可以精准地帮助上述身体部位保持健康。除此之外，初乳对小肠的生长发育来说是完美的物质（参见"哺乳供给了健康的肠菌丛"）。身体机制是大自然经过上百万年进化完善的，人为地用葡萄糖来扰乱其自然运转，实在不是一个聪明的主意。

第三个原因则是与天性有关，宝宝吮吸胸部是要使劲儿的，而用奶瓶喝奶却不用费劲儿，从这个角度来讲，甚至用奶瓶喝水也是不行的。坦白来说，如果宝宝在学会吮吸母乳之前就用奶瓶喝水，那么会导致宝宝"乳头混淆"，进而会影响宝宝以后的整个喝奶时期。

Q：我的胸太软了！里面的母乳对我宝宝来说不够！

不用担心！胸太软并不代表里面的母乳不够多，它只是说明你已经准备好，可以哺乳了。

其实大部分乳汁早在哺乳期间就生产好了。因为你的宝贝在吮吸乳头的时候，垂体后叶会分泌催产素，催产素随着血液循环作用到肌上皮，进而触发泌乳。宝宝吮吸几分钟，垂体上叶会分泌催乳素，催乳素借助血液循环进入胸部并在那里发挥作用，然后促进奶蛋白的生成。宝宝继续吮吸，循环再次上演：催产素分泌——泌乳触发——宝宝吮吸——催乳素分泌——泌乳触发——宝宝吮吸……

***Q**：除了哺乳，我还能做别的事情吗？*

"你今天做什么有趣的事情了吗？"我的丈夫问我。

"噢……好吧……哺乳，"我回答道。"然后哺乳，然后我们还是哺乳，哺乳。"

我有时候会觉得很累，感觉自己并不快乐，有一种被监禁的感觉。但是我很快了解到，当我想着"这让我很不开心"的时候，当我觉得自己无法再坚持的时候，其实一切都已经过去了。

在哺乳的过程中，你会发现在一些阶段宝宝增加了对母乳的需求量，一般情况下这说明宝宝要开始长身体了（比如说在出生之后八到十二周）。宝宝通过增加对母乳的需求告诉胸部，就像在说："嘿，我需要更多的母乳！"这种明显的、不中断的哺乳被称为**"密集型哺乳"**（Cluster feeding）。"Cluster"有"积蓄、大量堆积"的意思。所以这个名字还是很"名副其实的"。这些阶段意义非凡而且稍纵即逝，所以希望你能很从容地参与到这个阶段。

有时宝宝虽然总是紧贴胸部，但是并不处于他的快速成长期，这可能是因为紧张、不安、忧虑的情绪，或者是出现了出牙、生病等症状。你要试着理解宝宝的这种行为，他其实并没有什么刻意的想法，他只是需要妈妈帮助他缓解压力，因为对他来说，在妈妈的身边，拥有皮肤的接触和可以吮吸乳汁，能够让他获得幸福的感觉，这是最合适和最美好的事情了。

Q：我的宝贝有很强的吮吸需求。为了我的乳头着想，是不是应该给宝宝橡胶奶嘴？

要不要用橡胶奶嘴呢？这个问题真的是见仁见智。对这个问题我很有发言权，因为我给孩子用过奶嘴，但是我多么希望我没有使用过橡胶奶嘴，因为这不符合我自己心中设想的做母亲的画面，然而这已经是十二年前的事了……老实说，它并不会影响你们之间的关系。

但仍然有几点反对使用橡胶奶嘴的原因，我需要说明一下。如果你现在觉得有必要保护一下自己的乳头，那么我要告诉你，使用橡胶奶嘴对此并不会有帮助。宝宝会咬痛或者咬伤你，在大多数情况下说明宝宝吮吸的方式不对。用橡胶奶嘴不仅不会让宝宝的技术有所改善，反而极有可能会越来越差。换句话说，橡胶奶嘴（以及乳头保护罩）其实会提高胸部受伤的风险，因为橡胶奶嘴会误导宝贝去使用错误的吮吸方式，从而导致哺乳时出现问题。

胸部被咬伤，单单这一点就说明你和你的宝宝需要好好学习哺乳技巧，毋庸置疑，橡胶奶嘴会妨碍你们的学习之路。在大多数情况下，如果有足够的皮肤接触，就完全没必要使用橡胶奶嘴。

Q：我的宝贝喝母乳完全没有规律，这样正常吗？

其实说句实话，我进食也完全没有规律。有时候我会很饿，有时候又不太饿，这要分冷天、热天，或者哪天比较累，哪天比较平静。同样的道理，宝宝也是如此。

从某种程度上讲，哺乳是根据需要而定的。由宝宝自己决定什么时候喝奶，而现如今有一些诸如"宝宝应该每隔三到四个小时哺乳一次"的说法，这其中有历史原因，但从科学的角度来看，是绝对站不住脚的。

相反，有绝对规律地哺乳很容易导致这样一种现象，当宝宝在真的很饿的时候，胸部不能及时生产乳汁，而宝宝可能会因为号啕大哭而筋疲力尽地睡过去。

所以不要把问题想得太复杂，你只需要时刻关注宝宝的信号（以及你胸部的信号）就可以了，至于时间规律就抛到一边吧。

Q：那么关于龋齿和夜间哺乳呢？

很多父母担心夜间哺乳会导致龋齿，许多牙科医生和儿童医生也"助长"了这种担心，以至于当孩子夜间也需要哺乳时，父母就会忧心忡忡。其实，夜间需要哺乳是因为宝宝需要你的宠爱，需要愉悦感，所以不要担心。

在地球上有超过四百六十种哺乳动物，而这些哺乳动物的孩子都是靠母乳长大的，可以确定的是，在自然猎场长大的动物没有龋齿，反而是那些家养的宠物，由于有时会吃一些不当的食物，才会得龋齿。同样地，考古学的出土文物也证明了人类在狩猎时代很少会长龋齿。凯瑟琳·维罗妮卡·普拉特纳（Kathrin Veronika Plattner）在她的论文里写道"母乳是龋齿杀手"，普拉特纳研究了龋齿复杂的成因、转化途经和形成过程，她用了一整章介绍变形链球菌，在她的论文里还可以找到"母乳可以预防龋齿形成"这个命题的其他论据。另外，普拉特纳引用了各种调查研究，对这一命题进行了科学而全面地论证并且得出结论：**哺乳本身不会引起龋齿，反而有很多研究表明哺乳可以预防龋齿的形成。**

> 药　　物
>
> 如果你哺乳期间必须要服用药物，那么也不要担心，因为一般情况下都会有对哺乳无害的药物。请你有针对性地向你的医生询问，并且如果有可能，可以向胚胎病理学的咨询中心进行咨询：www.embryotox.de。

爸爸和哺乳

对爸爸来说，所有的一切都是新颖的。从他太太的身体里突然出来一个脆弱的小生命，这个小生命刚刚出生，情绪还极其不稳定。也许哺乳不会立马成功，也许他的太太由于身体发生了改变会感觉不舒服，这都会让新手爸爸觉得不知所措并且毫无头绪。奶瓶喂养的话，爸爸可以代劳，但是哺乳，爸爸就爱莫能助了。

还好，除了进食，爸爸还有很多事情可以代劳。比如爸爸可以让宝宝依偎；爸爸可以用奇怪的语调逗宝宝开心，或是把宝宝放在他强壮的肩膀上；爸爸可以给宝宝换尿布；爸爸还可以在宝宝吃饱之后带他出去散步，让妈妈可以洗个澡或者睡一会儿。

但是最重要的是，爸爸可以呵护他的太太并照顾她的情绪。爸爸的一句"你可以做到"，在艰难的时刻可以挽救哺乳关系。太太哺乳时，送上一杯水或者做出其他表达关注呵护的动作，都是价值万金的。

爸爸也可以身体力行地做妈妈和宝贝的辅助者（保护伞）。比如说，当宝宝很饿，妈妈又觉得在大庭广众之下哺乳而无所适从的时候，爸爸可以为他的太太挡住别人的目光。亲朋好友口出不逊的时候，爸爸也可以在言语上维护他的太太。大多数的女性在哺乳的时候，如果知道她的丈夫无条件地站在她的身后支持她，她们会觉得很有力量。

爸爸们应该为他们正在哺乳的太太感到自豪并为她们高兴，因为她们不用晚上起床煮开水泡奶粉，她们在用她们的乳汁给孩子提供最好的生命起点。

哺乳一般持续多长时间

关于"要哺乳多久"这个问题，一开始我并没有很在意。因为我原本认为，有的宝宝喝母乳，有的宝宝喝奶粉，到了一定的阶段他们自然就不需要这些了，仅此而已。

在《被保护的孩子》这本书中我写过，我表姐给她一岁的孩子哺乳，旁观的我觉得这一幕非常怪异。我现在要对这个表达加以润色：其实我觉得，这么大的孩子还需要哺乳不是怪异，这几乎已经是不端正了，作为旁观者的我觉得很不舒服。

如果我是在别的国家长大就好了，不是在德国，不是在法国，当然也不是在美国，而是像蒙古国这样的国家。在德国、法国、美国这样的国家，绝大多数人觉得哺乳是一件害羞的事情，需要遮遮掩掩。

在蒙古国却不一样。在这个以摔跤为国技的国家,有这样一句俗语:"最好的摔跤手至少喝了六年母乳。""蒙古国人不仅母乳喂养时间长,"露丝·卡姆尼泽表达道,"他们还对此充满热情,而且很少有这方面的限制。在蒙古国,母乳不只喂给婴儿,也不仅仅给孩子提供营养,在蒙古国人的眼里,哺乳不是一件多么值得谨慎对待的事情,哺乳是司空见惯的,是他们生活的重要组成部分。"也许正因为如此,这个民族的人大多都有着强壮健康的身体。

通过这个例子我们可以发现,母乳喂养的孩子更强壮,就像超人通过太阳获得超能力一样。

要给孩子母乳喂养多久,他才能非常健康强壮呢?你又想给孩子哺乳多久呢?

☆ 世界卫生组织的建议

世界卫生组织的建议是,完全母乳喂养的时间在六个月到两岁之间,然后至于具体多久,就要因人而异了。"完全母乳喂养"的意思是,在哺乳期间不给孩子别的食物,没有水、没有茴香茶、没有果汁,什么都没有。

夏天也什么都不给吗?

是的,夏天也什么都不给,因为母乳中已经包含了足够的液体。甚至有研究表明,在很炎热的环境中与那些除了喝母乳还喝水的宝宝相比,只喝母乳的宝宝可以吸收更多的液体。

总之,至少哺乳六个月。但是我还是要强调一遍,这本书中的所有建议都不是"应该"或是"必须",只是与宠爱版块有关。

这本书只是为了让你和你的宝贝得到最好的对待,而且这是你的乳汁,只要你觉得可以的话就没有什么问题。

☆ 生理断乳年龄

如果看到在爬行阶段的孩子还在用母乳喂养,我们会觉得很不习惯,大多数人会觉得怪异。但是到底应该什么时候给宝宝断乳呢?

对于这个问题众说纷纭。其中一种是科学家基于全世界范围内发掘的遗迹,得出的进食和断乳年龄的结果。科学家发现一般情况下的断乳年龄是在两到四岁,少数情况下是五到六岁,而且这适用于几乎所有的时代,也适用于几乎全世界。

另外一种说法是和其他灵长目动物比较。大猩猩和黑猩猩是与我们相似的灵长目动物,它们的哺乳时间是孕期时长的六倍,大约相当于人类的四岁。还有些研究者将这些灵长目动物的第一颗牙的冒出和成熟的免疫系统作为标准,并得出断乳年龄大约是五岁半到六岁的结论。

综合考量上述这些标准(比如成年女性的重量、出生时宝宝的体重、冒第一颗臼齿时宝宝的年龄)以及与哺乳动物相比较之后,确定建议断乳年龄在三岁到七岁。

"虽然在很多工业文化中没有这一标准，但是联合国世界儿童救济基金会和世界卫生组织都建议哺乳'两年及以上'，事实上孩子的免疫反应在大约五岁之后才能完善。"

——杰克·纽曼

☆ 两岁半是大脑高速发育期

在大多数原始部落，哺乳期为三到四年是完全正常的，但这在我们的社会是很少见的，但也许长期哺乳真的是有好处的。神经心理学家詹姆斯·普雷斯科特（James Prescott）博士认为，长期哺乳恰恰是原始部落和谐美好的原因，他研究了二十六个原始部落的习俗，发现超过四分之三的原始部落的断乳年龄在两岁半及以上，他们的社会风气很好，自杀现象也很少见。此外，他认为断乳年龄在两周岁以上还是以下，会影响一个社会的文化。他认为，两岁半是大脑发育的关键时期，这个时期发展是否顺利影响人是否产生自杀倾向。在这个时间段如果大脑有足够的色氨酸来促进血清素的新陈代谢，那么对大脑的发展极其有利，值得注意的是，这种氨基酸在母乳中含量丰富。

所以，出于这种发育的推力，许多妈妈观察到她们的孩子在两岁半的时候，再次表现出对胸部的强烈需求。"我的孩子突然就像新生儿一样迫切地想喝母乳，"妈妈们描述道，"会不断地贴到胸上！"

那么到底断乳年龄是多少呢？这当然也要看你自己的想法了。我们人类与其他的哺乳动物不一样，不会立马斩钉截铁地拒绝给宝贝哺乳，我们可以巧妙而温和地处理断乳这件事，循序渐进地慢慢来，当然也不能像蒙古国人那样永久供应下去，所以断乳是一件微妙的事情。

其实听凭孩子自己决定的话，孩子的断乳年龄大约在三到四岁，当然也因人而异，有的会早点，有的会晚点。

小朋友的定期喂奶到什么时候，大自然还给了我们另一条建议：看消化系统。在欧洲和美洲我们都习惯喝奶，所以就算是我们成年人也会生产发酵酶、乳糖酶，为此就需要消化乳糖，乳糖酶的产生终止于六到八岁，这也应该是喝奶的结束期。

两岁半、三岁、四岁……很多妈妈乍一看这样的年龄会很惊讶，但是还是有少数母亲是愿意长时间给孩子哺乳的。其实哺乳这件事没有想象中那么复杂，在克服一开始的不顺利之后，一切都会顺利进行，正所谓"万事开头难"嘛。你会突然发现自己从一开始的总是疏忽犯错慢慢地成为一位"长期哺乳的妈妈"，然后你每天纠结明天是否要继续哺乳下去。

有时候命运为我们提供了不同的计划

以我的母亲为例，我听说我出生时一点都不美好。虽然当时母亲的宫缩停止了，但是我的心音很糟糕，而且我母亲还在全身麻醉中。医生从母亲阴道中拽出我这个不到两千五百克的小家伙，然后我被带走正常冲洗、裹在襁褓里穿好衣服，母亲从麻醉中醒来的时候我并不在她身边，我被带到她身边的时候身上有爽身粉的香味。

"你不能给她哺乳，她太小了。"医生这样跟母亲说，还在麻醉期间的母亲被注射了断乳针，这谈不上冷酷无情，因为形势所迫，我只能用奶瓶喝奶。但是我的母亲并没有放弃，她并没有放弃哺乳的希望并且总是把我放在她的胸上，她脱下我的衣服抱着我、温暖我，皮肤接触皮肤。我虽然没有得到一滴母乳，但是通过哺乳产生的那种亲密的体验我却得到了，我没有办法想象，还有谁比我更亲近我的母亲。

另外，我的朋友希娜这样跟我描述："在生我女儿之前，我坚信每个女性都可以哺乳。所以我们既没有准备橡胶奶嘴，也没有买奶瓶，更没有寻找助产士，相关书籍也读得很少，除这些以外的其他东西我们倒是准备得很积极。出现第一个小问题后，我相信了这种事是存在的。我不仅乳头受了伤，还出血了，一次比一次疼。我去咨询了一下，但是情况还是越来越糟糕。但是我为了我的小丫头而奋斗，我觉得她应该得到最好的食物——母乳。我不能拿她开玩笑，也不想只把她包在襁褓里（她本来被包住不能接近我的胸），所以我要为了她战斗。我本来以为一周以后我就可以再次哺乳了，但是时间从一周变成了四周，我的胸还是疼得厉害，还是在流血，我的胸甚至还开始发炎。虽然我想给我的小丫头我能给的一切，但是我绝望了。后来我的丈夫不得不回去上班，而我也被迫为了孩子着想停止了哺乳。因为如果我继续哺乳下去，我可能就不能陪在她身边了，我当时必须在'母亲'和'母乳'两者之中有所权衡，有所取舍，到底哪个更重要一点……"

"即使我不能给我的宝贝母乳，但是我们努力满足她其他所有的需要。我（和她的爸爸）用哺乳的姿势喂她进食，眼神交流、亲近、气味、皮肤接触……除了母乳，我们满足她所有的需求。**诚然，哺乳是最好的选择，但是有时候现实没有给你提供最好的选择，即便如此我们也可以给孩子我们能给的一切。**为了战胜这个'噩梦',我花了很长时间。因为起初我会因为在大庭广众下给孩子用奶瓶喂养而感到不自在,仿佛每个人都能看到我的无能为力。但是现在我明白了,当最完美的路径行不通的时候,还是有其他道路可以选择的,这就是所谓的条条大路通罗马吧。"

☆ 奶瓶喂养不一定是距离

上面的两个例子告诉我们,即便使用奶瓶喂养也可以建立母子之间的亲密关系。皮肤接触、眼神交流甚至是哺乳姿势都可以模仿,就像希娜说的那样。所以如果哺乳这条路行不通,你就要主动做出选择,选第二条合适的路。

☆ 注意孩子早期饥饿征兆

如果没有人帮忙,奶瓶喂养需要的准备时间比哺乳要长,所以对于奶瓶喂养的妈妈来说,及早发现宝宝的饥饿征兆并加以应对就显得尤为重要。比如,如果你的宝宝开始左右摆动脑袋、不安分或大张嘴巴,这都是饿了的首要标志;吧唧嘴就已经表示"我饿了";如果你的宝贝开始咬手指,那么他的胃可能已经开始抱怨了。

☆ 哪种奶粉

20 世纪 70 年代,也就是我喝奶粉的时候,当时的奶粉行业还没有现在这么成熟,这可能在很大程度上影响了我的健康。

奶粉生产商试着模仿母乳中的有利成分,例如为了含有天然的肠菌丛,他们在奶粉里添加了益生元、益生菌;不饱和长链脂肪酸有助于大脑和眼睛的发育;牛磺酸对神经和肌肉的发育有好处……

我在这里就不一一列举不同奶粉种类的优缺点了,因为你在网上可以找到更多的信息,比如网站 www.gewuenschtestes-wunschkind.de。但是哺乳咨询师建议,**尽量给宝宝使用益生元奶粉,因为它最接近母乳**。

理解宝宝的语言

美国人普里西拉·邓斯坦(Priscilla Dunstan)有着绝对的辨音能力。她发现全世界的宝宝有五种通用声音来表达五种不同的生理需求:"我饿了""我累了""我身体不适""我的肚子痛"和"我需要打嗝"。邓斯坦把这称为"声音反射"。

有反对意见称这是没有经过科学验证的,但是也有的人认为最好是父母自己学着分辨。反对意见纵然有道理,但是我觉得了解宝宝的语言确实是有帮助的,我身边有的父母还是很相信这个的。

如果你想要了解更多资讯,你可以在 Youtube 上搜索"Dunstan Baby Language"。

纯母乳喂养之后

到了宝贝可以吃辅食的时候，有的妈妈会问："我首先应该给孩子补充什么食物？"这个问题的答案是：什么都不补充。辅助食物不是替代食物，宝宝还是应该以母乳为主，慢慢地他会开始探索别的食物，从少量逐渐变多。

☆ 加辅食的时间点

不要急于加辅食。身为父母一定想要自己的宝贝快快长大，对于这一点我非常理解，但是也还是要慢慢来，享受当下。

当时我并不明白这一点，我很难慢慢来，我对于我儿子的每个发展阶段都很自豪，好像我亲自跑了汉堡马拉松一样。其实我的宝宝只是做了所有宝宝都会做的事情：成长。在母婴交流会上我也很少发言，因为我对于宝宝的奶瓶一无所知而且也不会测量宝宝喝奶的量，毕竟我的宝宝只喝母乳，但是不管怎样我还是要认真听。在会后我会告诉自己："尤利娅，不要这么没耐心。享受现在和小宝宝的每一天，他不会永远这么小。"

我的儿子第一次吃辅食的那天，我记得天很冷。当时我们在市场上，我用婴儿背带背着他，我推着小车。宝宝饿了，而我又不想在这么冷的天随便找个地儿哺乳，所以我挤了块香蕉到他嘴里就开始匆忙地往家赶，最后他吃了大半块香蕉，而且他觉得不错。

宝宝应该在他的身体机能到位的时候才可以吃一点辅食，一般来说这个时间点是六个月左右。 但是也可能你的宝宝进食只是为了他的味觉体验，而不是真的吸收其中的热量，这算是宝宝的"狡猾"。"身体机能到位"是指当宝宝的后背有简单的依靠的时候，他可以自己坐着，而且他有能力自己用手拿着食物往嘴里放。如果你的宝宝坐在婴儿背带里，抢走了你手里的香蕉并想要把它放到嘴里吃光它，其实你就可以着手给他准备辅食了。

孩子的身体机能完善的一个重要的标志是**"挺舌反射"**的明显减退。不知道你有没有看到过孩子把胡萝卜粥吃得满脸都是？有的孩子确实会这样玩。还有的孩子会很有耐心地一次一次地把勺子从嘴里推出来，以此来告诉他的妈妈或爸爸，他们的生理机制还没有准备好吃辅食。

另一个可以吃辅食的标志是哺乳需要的提升，这种哺乳需要的提升是很难捕捉的，而且提升的哺乳需要既不是因为冒牙，也不是生病更不是有压力。我认为这个标志很难辨认，谁能确认这件事呢？"提升的哺乳需要"在我听来很不可靠，像是无稽之谈。

可以吃辅食的标志：

- ☑ 在后背有支撑时宝宝可以自己坐着。
- ☑ 不再有挺舌反射，或只是很弱的反射。
- ☑ 宝宝可以自己用手抓着食物，并能往嘴里放。
- ☑ 对母乳的需求增加（不是因为冒牙、生病或者有压力产生的）。

☆ 选用什么辅食呢

十年前，我的儿子也有一个慢慢告别流食、使用辅食的阶段。

那段时期，我的儿子充分了解了这个世界上五花八门的食物，以及进食的各种可能性。

我们家和许多其他家庭一样，走过的这条路，有一个公众化的名字——婴儿断奶，意思就是婴儿从哺乳期过渡到固定辅食的时期。在这个时期，宝宝自己选择什么时候进食以及进食多少，他不再吃流食，而是坐在饭桌旁，一开始由父母手把手喂他未加调味料的零食，然后慢慢学着自己吃饭。这个过程可以延续数月，对大多数宝宝来说，他们的主要食物来源直到一周岁都应该是牛奶，美国儿科医生协会如此建议。

刚开始的时候宝宝只是对食物好奇，他们还处于对事物的摸索阶段，他们惊奇地发现这个是冷的，那个是热的，这个是软的，那个又是硬的。他们沉醉于食物拥有的不同味道和质感。多么迷人的世界！他们学会如何用舌头把食物卷入嘴中并且活动、咀嚼然后咽下去，多数情况下这个过程不会立即成功，宝宝要先了解这些食物，因为进食的反射跟喝奶时必要的活动模式是不一样的，喝奶时的模式为：吮吸——吞咽——呼吸。

而进食则更为复杂，宝宝需要一定时间来适应。

☆ 装作加了调味品的样子

很多宝宝发现，他们的父母在吃饭前会拿一个神奇的小瓶在食物上方晃动，这看起来是一项常规，他们也想要这样做。但作为父母的你又不想让宝宝吃盐，这个难题其实很好解决，你只要在给宝宝"撒盐"的时候把瓶口关上或是拿错盐瓶就行了。

☆ 宝宝断奶有什么好处

- ☑ 对宝宝来说，自己可以作主的进食是很愉悦的，这样他会有自我实现的感觉。
- ☑ 你应该清楚地知道，你的宝贝进食的食物成分是什么。你也要知道，你和宝宝吃的食物是从哪来的，这其中你们又接触了多少塑料制品、农药和其他有害物质。总之，你要确保你们食用的是真正天然健康的食物。
- ☑ 宝宝产生过敏反应的概率是很小的。原因有二：其一，孩子一般情况下对于他的机体不能应付的食物是敬谢不敏的；其二，宝宝暂时只能吸收很少量的特定食物，大多食物一般会掉到桌子或地板上。
- ☑ 你节省了时间。
- ☑ 最终食物真正地发挥了自己的价值！例如，杧果闻起来是香的，而且很软很烂；菠萝有点纤维质；香蕉可以抹到身上；苹果很硬很脆。如果你把它们放到桌子上，它们会变成室温；如果放到冰箱里，就会变冷；如果放到榨汁机里，就可以榨成果汁。
- ☑ 孩子接触到的世界更加丰富、精彩。

☆ 但是宝宝吃固体辅食的时候不会噎到吗

我的儿子在两岁的时候,有一次被噎到了,我们不得不去医院让医生从他的支气管里取出那一小块食物。有一次,我的闺密贝尔基带着她的孩子来我们家串门儿,吃饭的时候她们两个人在闲谈,事情发生得很突然,说话间,孩子就噎住了。孩子噎到是我作为母亲的生涯中最可怕的经历,在我儿子噎到后的很长一段时间内,我不允许任何人噎到,不然我又会想到当时的可怕经历。所以当我闺密的儿子吃东西噎到的时候,我整个人都慌了。但是幸好贝尔基并没有这种梦魇,她表现得很淡定,她相信她的儿子可以战胜这一小块食物,而且这不是他第一次也不会是最后一次噎到。

令人惊讶的是,"刚刚断奶开始吃辅食"的孩子,很明显比只吃流食的宝宝噎住的概率要小。原因很简单,就像成年人一样,孩子噎住时他的机体作出反应会立马去处理,然后渐渐平缓好转。婴儿断奶方面的专家吉尔·拉普利(Gill Rapley)和特雷西·穆克特(Tracey Murkett)也解释说,如果孩子能够克服这个情况,他也会在以后吃饭的时候注意不再噎到。他们认为,固体食物相比液体和流质食物来说流动慢,所以固体食物在进入气管之前被充分咀嚼的可能性也就大一些。

☆ 不要给孩子吃圆形的食物

你不应该给孩子吃圆圆的食物,比如葡萄、豆子、越橘、醋栗、坚果……这些对孩子来说都是有危险的,孩子尚不能应付这些食物。

是的，但是……

☆ 难道经常哺乳不比每四个小时哺乳一次更容易引起各种问题吗

有的父母可能会把孩子的胀气或腹痛归咎于经常哺乳。其实，宝宝的胀气或腹痛，有时候是由哺乳时错误的姿势导致的，姿势不对会让空气在宝宝喝奶的时候进到他肚子里，从而引起胀气和腹痛，也就是说，胀气、腹痛和哺乳间隔没什么关系。

与此相反的是，你在哺乳初期经常哺乳是很重要的。就像之前提过的那样，哺乳的时候可以调整供给，如果你每四个小时才给宝宝哺乳一次，你的胸部会根据这个时间间隔得出"乳汁需求不大"的结论，这就会导致胸部泌乳缓慢，这样的话就有可能会导致发育障碍，继而引发哺乳问题。

请你相信你的宝宝！如果他一整天都想喝母乳，那么也请你满足他的需求。不要过度紧张，享受与宝宝的相处，你可以坐在你很喜欢的沙发上看着你的孩子，或者让他带着橡胶奶嘴躺在床上，而你静静地在旁边读戴安娜·盖伯顿的书。这些都不可行的话，你也可以用婴儿背带背着孩子出去走走。对于如何正确地背孩子，你可以求助专业的专家，他最好还是个哺乳专家，幸运的话，用背带背着宝宝哺乳也是很简单的。

☆ "我一点都不想哺乳"

你现在也许会这样说:"用奶瓶喝奶的话我的孩子可以睡得更快,而且我的丈夫也可以喂食,这样的话我就可以不用被束缚得这么厉害。"

好的,你不想哺乳。但这并不意味着,你不能和你的宝贝尽情依偎,不能享受喂食时候的皮肤接触。

☆ 断乳大多数时候是单行道

你不需要在孩子出生的第一天就选择你是否想要哺乳,你的每一天都有选择权,你也可以随时喊停。但是有一点要注意的是,在你断乳之后想要重新哺乳,通常情况下需要更多的毅力。

☆ 奶瓶喂养的孩子并不一定会连续睡觉

大多数奶瓶喂养的孩子实际上睡得更深,但并不一定是好事(参见后面"睡觉"一章)。而且奶瓶在很大程度上并不是安静夜晚的保障!因为等孩子六个月大的时候,也就是快速成长期,你会发现很多孩子突然不再连续睡觉了。

☆ 我听说,四个月之后胸部出来的就只是空气

当然不是。或者你什么时候见过四个月之后还在母乳喂食的孩子像一只气球一样飘荡?我反正没有见过。实际上从你胸部出来的

还是与你宝宝的需求相一致的母乳，乳汁中的卡路里含量在整个哺乳期都是一样的（初乳除外）。宝宝健康活泼，说明乳汁中的抗体含量再一次升高，恰恰证明乳汁才是真正有用的营养物质。

☆ 我听说，哺乳超过六个月的话会导致孩子的免疫系统无法发育，因为在母乳中有很多抗体，孩子的身体会因为惰性不再自己生产抗体

科学上多次证明哺乳可以预防过敏反应，预防哮喘，预防中耳炎，但是我们还是要承认这些病是不可避免的，孩子长大以后，这种情况也不会发生改变。喝母乳的孩子会不断地从母乳中吸收能够强化其肠丛菌的物质，而且如果你的孩子开始与除了妈妈和爸爸的臂弯以外的世界接触，母乳中增多的抗体就会很好地发挥效用。我们知道，**长期接受哺乳的孩子，免疫系统一般发育得很好**。

☆ 哺乳超过六个月会导致妈妈与宝宝之间不健康的依赖性吗

宝宝们是依赖他们的妈妈的（或是爸爸，抑或是其他慈祥的长辈），因为没有成年人他们可能没有办法生存下去，但这和他们是否喝母乳没什么关系。

哺乳会促进大脑的发育，基于此，从长远角度来看，哺乳的孩子更加自立。如果宝宝无论是身体上还是精神上对于母乳的需求都确实得到了满足，一般情况下孩子会自行离开妈妈这个安全的港湾，然后会自己跌跌撞撞地向前，因为这个决定是自己做的。

☆ 我不想哺乳，我不想毁掉我的胸部

很遗憾已经太晚了，乳腺组织早在怀孕时就发生了变化，在分娩之后由于乳汁的分泌，胸部会再次生长，如果分娩之后迅速断乳，甚至比长期哺乳还要破坏胸部。"乳房下垂"其实与哺乳无关，而是与结缔组织有关，当然还有很多其他的原因。

☆ 我从书上看到，六个月以后母乳中有害物质含量会升高，所以最好断乳

我是动物学家西奥·科尔伯恩（Theo Colborn）博士的粉丝，她从多年前就研究农药、邻苯二甲酸酯、酚甲烷和其他物质对生殖系统和神经发育的影响。我认为，她的另外一个贡献在于，在20世纪90年代末掀起了关于母乳中有害物质的讨论热潮。"处于哺乳期的孩子，"她于1997年写道，"会接收最高剂量的有害物质，这些有害物质会影响他们一生，他们体内的有害物质的含量是一个成年人每天接受的零到四十倍。"

西奥博士很详细地介绍了母乳的各种优点，我想全面地了解并继续研究下去。我能找到的最新的信息来自2011年："现代的知识水平已经证实，母乳中大范围存在的长效的有机氯化合物，确实对持久的发育并无损害。如果说，有机氯化合物能够在孩子以及胎儿血浆中积累，那么这种风险在孕期的时候最高，也就是说，在第一次哺乳之前。大量证据表明，**哺乳本身对儿童的精神、运动以及认知方面都有积极的影响，哺乳可以有效抵消有机氯化合物的危害。**"

这种危害早在孕期的时候就已产生。虽然孕期的时候宝宝受到了有机氯化合物的污染，但是母乳的积极作用无比强大，强大到可以与之抗衡，所以继续哺乳是值得的。

你唯一能做的事情就是在怀孕期间尽量健康饮食，而且不要有过度的压力，不要焦虑，因为焦虑很容易导致生病。

⑤ 睡 觉

■ "怎么样,他睡着了吗?"

我第一次被问到这个问题的时候,我的儿子还不到两周,当时我还搞不清楚为什么睡觉这么重要,我还在纳闷为什么没有人问他在这个世界感觉如何呢?明明他才刚刚出生还很脆弱,才刚刚学着和这个有重力、有喧闹声、有昼夜交替的古怪的世界相处。

不管怎样,睡眠问题好像是对妈妈的能力的评估,仿佛"连续睡觉"是睡眠质量的评价标准,孩子安然入睡就表明父母的工作做得很好。但是也许问这个问题的老妇人只是想表达:"我非常理解你的感受。我还知道，一开始和孩子相处的那段时间多么艰难，睡眠被剥夺的感觉也不好受。"

毫无疑问，睡眠剥夺像是一种刑罚，因为没有睡眠，我们的日子就没有办法正常运作；没有睡眠，我们会变得暴躁不开心。遗憾的是，宝宝总有能力剥夺父母的睡眠。但是作为宠爱版块的其中一个版块，总是有办法解决这个问题的。

生命本身为此做了准备，它为我们提供了一种选择，即与宝宝一起睡觉。这种选择不仅可以确保孩子舒适有安全感，而且随时有充足的温暖和食物。这样的话你照顾宝宝可以轻松一些，当然，最理想的情况是你在照顾宝宝的同时不必起床，甚至不用醒来。

现实中有些人足够幸运，很少会有被宝宝剥夺睡眠的情况。这些人在别人问到你宝宝"睡眠"问题的时候，可以理所当然地回答："我并不知道他是不是连续睡觉，或者中间有没有醒来。"或者还能回答："她是不是连续睡？不知道啊。"我当时就是这么回答的。

我是真的不知道。虽然我会在睡到一半的时候给我的儿子哺乳，但是我们俩那时都不是清醒的。虽然我们有动作发生，但我们都处于轻度或是深度睡眠阶段，小朋友晚上不哭不闹，我也不用下床。当他发出轻轻的嘟囔声开始在床上微微转动翻找的时候，我就会把他放到胸旁，然后我们就可以继续睡觉了。所以我每天早上醒来的时候一般都神清气爽，一点没有疲累的感觉，我们晚上的哺乳过程很快很轻，我的丈夫几乎都听不到，他一直睡着。所以，我丈夫的同事连续问了他一周："什么？你一直在睡觉，从来没被吵醒过？"我们都觉得很开心。

☆ 我们的宝宝睡在我们旁边

关于宝宝，大家总是有各种各样的问题，我的闺密克里斯汀也是如此。她有一天这样问我，"你们买婴儿床了吗？"由于我自己当时也正处于意见征询期，我自己也很迷茫，所以我支支吾吾地不知如何回答。我很小的时候有一辆婴儿车，我亲爱的奶奶是一个裁缝，她为我缝制了一个鲜红的车顶棚。但是，如果我的孩子现在用这个鲜红的顶棚，我觉得太耀眼也太厚了。我想让顶棚轻薄好看一点，所以我买了一件粉蓝的头巾并把它缝成轻薄飘逸的顶棚，轻透新鲜，就像宝宝从我肚子里出来之后感觉到的世界一样。小车的支架还完好无损，只是木轮子会嘎吱作响，我们得给轮子上润滑油，这样我们把宝宝放到里面推来推去的时候，他才不会被吵醒。之前的床垫已经不在了，我就买了一个很漂亮的、上面画着椰子和木棉花的床垫，无毒无害。我的宝贝躺在改造过后的婴儿车里面看起来娇小可爱，讨人喜欢。

宝宝还在我肚子里的时候，我就一直在设想以后和宝宝一起生活的样子。Runde um Baby（译作"围在宝贝周围"）这个网站就成了我最爱的信息来源站。那个网站有一个非公开的论坛，我在论坛上认识了很多妈妈，对我当时的想法和担忧她们不仅能够感同身受，而且还能为我答疑解惑。通过这个论坛我了解到，不少妈妈和宝宝一起睡在大床上，这在我听来很美好，但同时也有一点担心，难道我们不会压到孩子吗？"不会发生这样的事的，"论坛上自愿解答的妈妈回答，"你的宝宝待在那的时候，你会注意的。"这听起来也很有道理，不然在整个人类历史中会不断地出现妈妈压坏宝宝的事。我跟我的丈夫说，很遗憾我们好像用不上婴儿车，因为宝宝会跟我们一起睡。

"我觉得这有点可怕,"他说,"这对孩子来说不是很危险吗?"

"不用担心,"我下意识地回答道,"我们的宝宝在那的话,我们会注意的。"

我赞同和宝宝一起睡还有一个原因,如果宝宝睡在我身边,哺乳可能会很方便,我觉得这一点很重要。尽管如此,仍然会有问题困扰着我,比如,如果所有人都睡在床上,我们互相不会吵醒对方吗?一旦我的宝宝习惯了睡在我身边,不再想睡在别的地方怎么办?我会不会吸走了我宝宝吸的空气,毕竟他的肺还那么小……

我觉得这一切都让我很激动,只是可惜了那个装饰一新的婴儿车。不过我转念一想,没关系,至少白天我们可以使用婴儿车。

"呦,我不会这么做的!"

听到我要跟宝宝一起睡的决定,我的闺密克里斯汀怀疑地摇摇头。她的姐姐已经有两个孩子了,所以她很了解这种事。"我知道我姐姐也是这么做的,但是他们的孩子都八岁了还睡在爸爸妈妈的床上!"

我隐约觉得我以后应该不会这么糟糕,但是说实话,我现在都不想让宝宝从我肚子里出来,更不用说以后什么时候让他离开我们的床自己睡,我摸着我的肚子一时没有再说什么。

但我也是在深思熟虑之后做出的决定,通过妈妈论坛我了解到宝宝睡在我旁边可以有以下这些优点。

☆ **优点一：同步的睡觉节奏**

早在几年前我就知道我不喜欢晚上起夜，所以这个优点对我来说很有吸引力。让宝宝睡在我旁边，甚至连哺乳的时候都不用醒来，我已经相信以后真的会这个样子了。

睡眠研究学者詹姆斯·麦肯纳（James McKenna）认为，为了在孩子开始活动的时候有所反应，在他从深度睡眠转向轻度睡眠的前几秒父母要在他身边。此外，麦肯纳还记录了妈妈和孩子的脑电图，通过他们的脑电图可以清楚地看到二者当时的睡眠模式。

这种与宝宝的协调对安全也大有好处。我直到如今还是很确信，一旦我的宝贝遭遇了什么事情，我第一时间会有所察觉。在他还是婴儿的时候，由于睡眠阶段的一致，我们的大脑也是同样的节奏，我敢打赌，我是世界上最值得信赖的"宝宝监视器"，而且比世上任何一种监视装备都要实用。另外，我还没有电磁波辐射，完全天然无害，体贴周到还很温暖，这是来自妈妈的关怀。

☆ **优点二：暖和**

在非洲热带雨林，当太阳下山的时候，黑猩猩会爬到大树的高处为睡觉搭建一个栖息地，大多数黑猩猩是自己睡，只有黑猩猩妈妈会和自己的宝宝一起睡，因为这样会更安全。

同样的道理，我们人类在热带雨林时期或是大草原时期，也是不会让我们的孩子独自睡觉的。妈妈和孩子分开睡的理念其实是比较新的一个想法。我们定居下来后的很长一段时间，家人都是睡在一起的。无论在北欧海盗博物馆，还是在古老的农舍，都可以看到一个大厅，这个大厅就是供所有的家庭成员睡觉的。有时候，大家都在一个卧室睡大通铺，在一些早期的农舍中，睡觉的地方甚至直接与马厩相邻。这当然有很实际的理由，因为只需要给一个房间供暖，就会让所有人觉得安全暖和，由此可见，我们西欧人那时也是很务实的。其他种族对于一起睡觉这个问题有不同的情况。作家贝尔基·巴德尔（Birgit Baader）是这样描写新西兰的怀塔哈种族的："以前，部落里最年老的人和萨满一起睡是很普遍的，但是'普通人'很少这样……现在大家一般是在很重要的节日或是举行仪式的时候才会聚到一起，在一个共用的房子里一起共度夜晚，然后在日出前醒来进行晨间仪式……这样会很团结也觉得很有力量。"

在任何时代、任何大陆都会有家人睡在一起的情况。一般情况下，爸爸和妈妈会一起睡觉，人们都不想自己孤零零地一个人睡，尤其是在他还很小而世界又很大的时候。

☆ 优点三：和爸爸之间的联系变得密切

一起睡觉有利于联系，这个问题在原始社会尤其显著，因为爸爸们白天要外出狩猎，而妈妈们则一整天陪着孩子。

那么爸爸什么时候和孩子建立密切的联系呢？有的人可能只是顺其自然，并没有寻找合适的途径，但是有的人却幸运地找到了解决方法——一起睡。我的丈夫每天早出晚归，要是我的儿子在另一个房间睡觉的话，儿子和他每天就只有一到两个小时的接触时间，而晚上一起睡的话，两人之间的联系就会以另外一种方式增加，这不是个例，这种情况是经过科学验证过的。

人类学家阿什利·蒙塔古（Ashley Montagu）在他还是孩子的

时候就想知道，为什么人类以一种特定的方式存在。多年来，他一直致力于研究人类存在的各种领域，并向科学家们学习一些基本准则，他在《触摸》一书中指出，通常情况下，睡在一起的父母比分开睡的父母关系要更深入，这一点也同样适用于父母与孩子身上。

"在一张床上睡觉'保持接触'与没有接触自己睡的情况相比，两种睡眠之间存在明显的区别。"他写道。

☆ 优点四：有利于大脑发育

当我的儿子学会爬的时候，他就不再有时间吃饭了，因为在他的眼里世界上的一切都值得去发现。有这么多可以看的可以做的事情！书和 CD 必须得从架子上拿出来，费力爬台阶、烹饪的木勺也值得研究。

他虽然基于探索世界而无暇吃饭，但是他快速长大的小身体和他要发育的大脑却迫切地需要热量，而且需要很多热量，尤其是晚上。每天晚上他都需要母乳中丰富的、高价值的糖分和油脂，他也需要温暖和安全感，因为只有这样，他的消化器官才会轻松消化吸收这些物质并充分利用它们。所以，我们睡在一起是最好的选择，这样他就可以在他任何想要的时候自己喝到母乳，而且我还不用醒来。

> "'连续睡眠'这个想法是一个社会创造。"
> ——采访睡眠研究家詹姆斯·麦肯纳
>
> **Q：您认为对新生儿来说最好的睡眠地点是哪里？**

对婴儿来说最安全的睡觉地点是在他哺乳的母亲身边,或者是尽心尽力照顾他的成年人身边,比如,他们可以睡在离父母半米远的婴儿床上,或是睡在随时可以喝到母乳的妈妈旁边。

在不同的床上分开睡还是在一张大床上一起睡哪个更好,这都取决于是否哺乳、如何哺乳以及父母想要什么样的联系。当然前提是父母们知道在一张床上睡觉可以让宝宝觉得安全。

Q:您可以谈谈宝宝的睡眠模式吗?

婴儿一般每两到三个小时醒一次,有时候也会每半个小时醒一次,因此很多妈妈会和宝宝睡在一起。父母要做好心理准备,哺乳期孩子的睡眠发展并不是线性的,而且他们和奶瓶喂养的孩子还不一样,因为牛奶和奶粉富含热量而且能促进深度睡眠。但是我的研究结果表明,"深度睡眠"可能对宝宝不是特别安全。我们应该这样想,"深度睡眠"这个想法其实是一个"社会创造",它和宝宝实际上怎么睡的没什么关系,它是一个人为的发明,与哺乳期的婴儿甚至是一岁前的孩子无关。尽管如此,宝宝能够连续睡觉仍然是父母们最大的期待,如果宝宝在第一年不能连续睡觉,父母们通常会很失望甚至生气。

Q:连续睡觉难道不是一个很好的目标吗?

从科学的角度,我想说,如果婴儿可以在没有人照顾的情况下自己连续睡觉,这当然会让父母觉得轻松,但是这种情况却与婴儿(和妈妈)最受益的情况背道而驰。"最受益的情况"是指第一年专有的长期的哺乳,婴儿可以没有障碍地与妈妈接触(从情绪、社会、智力等方面),也可以得到母乳。妈妈投入时间、精力和爱,这是妈妈对孩子一生只有一次的机会,也是一个妈妈和孩子会受益多年的礼物。妈妈借助哺乳可以预防卵巢癌和乳腺癌,而孩子借助母乳的帮助促进大脑发育,预防各种疾病。另外需要知道的一点是,在自己的房间一个人睡,也是导致孩子猝死的一个风险因素。

☆ 安全的家用大床

一家人用的大床不仅需要保暖，而且要尽量安全，以下几条原则可以用于判断其是否安全合适：

- ☑ 父母如果要和宝宝一起睡，就不应该吸烟或者服用药物，而且环境必须是无烟的。
- ☑ 如果你严重超重，就不要和宝宝一起睡，应该让宝宝在自己的小床上靠近妈妈睡。这同样适用于奶瓶喂养的宝宝。
- ☑ 宝宝应该在合适的睡袋中背靠在结实的、干净的硬物上睡觉。
- ☑ 在安顿宝宝睡觉的时候，请不要使用羊毛毯子、软垫、懒人沙发或是其他类似的软的、有绒毛的东西。
- ☑ 不要把宝宝放在水床上睡觉。
- ☑ 也不应该把宝宝放在沙发上睡觉，因为那样的话他容易陷到缝隙里没办法挣脱。选用宝宝的床时要注意床的边框和床垫之间不能有空隙，不然宝宝会滑到空隙里。
- ☑ 最好把床垫放在地上。

到底什么时候宝宝才会持续睡整晚

这很难说,毕竟小孩子尚不能区分白天和夜晚,所以相应的,他也就不能睡一整晚。(另外,专家们提出的"连续睡觉"只是指连续五个小时不中断地睡觉。)宝宝越大,就越会区分白天和夜晚,慢慢地他就了解了白天大家会各种活动,晚上是黑的,爸爸妈妈会变得安静而无聊,没有人和他在房间里嬉闹。

其实睡眠问题也是因人而异的,有的宝宝会在几周的时候连续睡觉,在半岁大的时候会再次变得闹腾。还有的孩子,比如说我的儿子,认为他们的生命很长,睡觉是一件浪费时间的事情。当然还有一些孩子天生就爱睡觉。

宝宝就是这么特别,他们需要一段时间才能发展成"成年人的"睡眠模式,对大多数宝宝来说这个过程需要两年半到三年的时间,而且这其实是好事。宝宝的轻度睡眠可以确保宝宝在身体不舒服(比如饥饿、疼痛、尿布不舒服)的时候就可以醒来,另外宝宝不进入深度睡眠也是有好处的，因为深度睡眠大大提高了宝宝猝死的可能性。

"如果让宝宝睡得太沉，那么这既对其生存不利，也对其发育不利。"

——威廉·希尔斯

而且就算是成年人也不会连续睡觉的，成年人在晚上会多次从深度睡眠转换到轻度睡眠再转回去，有时也会醒来去冲个凉再接着睡。当然冲个凉这样的事情，宝宝还不能做。另外，成年人在睡觉的时候也需要安全感，很多人晚上在他再次入睡的时候需要知道他们是安全的、是被保护着的。

孩子睡觉时越有安全感，一般情况下他就越容易自己回归平静。

是的，但是……

☆ 但我觉得和孩子一起睡在大床上是很危险的，孩子容易被闷到或是压到

如果你被这样的想法困扰，那我想你可以平静一下。如果满足了之前关于家用大床列举的所有条件，那么，对宝宝来说家用大床会是一个有极大安全感的地方。

麦肯纳教授在他的论文中有一章甚至用"为什么宝宝不应该自己睡"作为题目。他解释了为什么和父母一起睡的宝宝比自己在房

间睡的宝宝更安全，他认为宝宝要借助父母的活动和呼吸才能想起继续呼吸，宝宝能觉察到与人的亲近并感觉到安全和舒适。

麦肯纳在这点上很明确地表示："如果我们把人类学中关于宝宝睡眠和发育的证据放到研究中，或者是以此作为婴儿睡眠研究的出发点，那么我们不仅不会再质疑宝宝睡在哺乳的妈妈身边的安全性，反而会考虑不这么做的危险性。"

另外，一起睡还可以让妈妈及早地发现安全隐患并予以排除。在我们还没有听说过任何与睡眠有关的研究之前，我的一个好朋友说："你知道吗，我觉得对我的宝宝来说最大的危险是自己睡。"

生活在热带雨林的时候，鉴于环境的危险性，我们绝对不会让孩子离开我们的视线，就算是在 21 世纪的今天，父母与宝宝的亲近同样可以救命。比如我认识的一个小姑娘勒亚，在她还是婴儿的时候咳嗽引起了呕吐，她当时像往常一样躺着睡觉，但是呕吐差点儿导致了窒息，幸好她的妈妈及时发现并把她举高竖起。"但是，"她的妈妈讲道，"要是她一个人在另一个房间的婴儿床睡觉而我又没有及时听到的话，后果不堪设想。"

☆ 必须睡在一张床上吗，
我的宝宝睡在我附近可以吗

并不是所有人都和宝宝睡在一起，如果你不喜欢，也是有很多别的办法的。比如说你可以在你的床旁安置一张可移动的婴儿床，它可以是那种简单的有栏杆的婴儿床，你们之间就只隔着一个侧隔板；你也可以用育婴湾（Babybay），它是一半的婴儿床，可以直接安在父母的床边，而且没有隔断。

☆ 如果我们没有和孩子一起睡，到底会怎么样

我可以这样告诉你，当你的孩子到了十五岁的时候，他就不会再躺在你们之间，也不会把他的小脚伸到你的耳朵上，因为孩子想要变得自立。经验和科学都证明，孩子在幼年时期对安全和照料的需求越容易得到满足，这种情况就越会发生。也就是说，孩子的大脑会慢慢成熟并且产生强烈的、真正的自立。

关于我们现在谈论的自立问题，相关研究表明，睡在父母身边的孩子在以后的生活中会更幸福、更勇敢、更自立。此外，和父母一起睡的孩子还明显表现出一种"更好的"自我价值观念，他们更喜欢身体接触而且能更好地表达自己的好感，最重要的一点是，他们的一生都会建立在满足感的基础上。而孩子如果从小就要为了逃离独自睡的困境作出应对措施，这可能会导致他们发展出本能的保护机制并将影响其一生。

☆ 这一切都很好，但是我快受不了了

如果让你的宝宝睡在你的身边，我想他不至于让你忍受不了吧。在我看来，每天晚上必须起床去另一个房间看一下宝宝似乎更可怕！睡眠剥夺绝对不是一件小事儿。

如果睡眠不足而且血液循环中的血清素含量过低，我们就很容易产生自我同情的情绪，但这是可以有意识地消除的。你试着告诉自己，宝宝这么小的情况只有一次，他只有一次幼年时期，一年以后你们的生活会变得大不一样。学着享受现在的一切，因为它稍纵即逝。

其实仔细研究的话,很多父母会发现,**真正让他们疲劳的根本原因不是睡眠不足,而是对此缺乏掌控**。因为可能大多数人在早些年就已经学会应付睡眠不足的问题了,在以前那个开派对的年代,第二天炫耀筋疲力尽是很酷的,不是吗?至少我是这样。既然如此,想要应对失控的局面最好的办法就是随他去吧,也就是不再试图掌控。比如说,你可以趁着宝宝睡觉的时候小憩一下,也不见得一定得是晚上,白天也可以;把家务就那么放着吧,你也可以寻求帮助,这样的话你可以在白天睡一个小时,你隔壁和善的老太太一定很愿意为你照顾婴儿的。

另外,你可以哺乳,催乳素可以使人有耐性、沉着冷静。你可以通过食物摄取血清素,比如可以食用香蕉、巧克力、谷物产品、水果蔬菜等。

你的呼吸让宝宝进入睡眠!你的宝贝才开始了解,这个星球上的"夜晚"代表什么。新生儿一天二十四小时都需要乳汁和关注,但是孩子大一点之后,如果你在他旁边轻轻地、缓慢地、放松地呼吸,那么你可以让他在短暂醒来的时候再次入睡。切记要放轻松,因为你越想着"现在终于睡了",你会越不平静,相应地孩子就会越清醒越骚动,最好你可以自己有目的地放松:吸气、呼气、吸气、呼气……

☆ 父母不会把孩子的氧气吸走吗

你不要笑,我真的这样想过!刚开始的时候我甚至试着在呼吸的时候转过头,唯恐我吸走了我儿子的氧气,但是不久之后我就放弃了这个念头,身体也放松了。

事实上,吸走孩子氧气的可能性非常低。

☆ **我们睡觉的时候到底会不会打扰宝宝**

答案很明确：不会！和我们一起睡宝宝会觉得很舒服，他会觉得很安全，很放松，因为这样可以闻到、听到以及感觉到妈妈。

一起睡觉的时候妈妈和宝宝互相触碰也会有很好的效应，宝宝通过这样的方式意识到妈妈在那儿，而且一切正常。妈妈也会意识到宝宝在那儿，一切正常。

有的科学家认为，睡觉的时候使用俯卧姿势会把宝宝猝死的风险降到最低。

☆ **宝宝太不安静了，我晚上根本合不了眼**

说老实话，妈妈和宝宝睡到一起是有点不够安静，但是这却有利于孩子的安全。你也许会提出反对意见，认为一个熬夜的妈妈对宝宝来说是最大的安全隐患。这也是对的。但是哺乳的妈妈如果和宝宝一起睡，便可以睡得更好，这一点在科学上已经得到了证实。

"不安静"并不机械地代表睡得"不好"。社会上的原则是把宝宝放到婴儿床上睡，但是生物学上的原则是一起睡。也就是说，妈妈和宝宝分开的话，他们的睡法是违背自然的。

☆ **孩子自己睡不是会更好更早地进入连续睡眠吗**

这里涉及生物的原则："连续睡眠"并不代表"睡得好"。这种说法是建立在孩子自己睡觉且人工喂食的基础上得出的数据，儿童医生也在一定程度上误导了我们。

单独睡觉和喝牛奶与宝贝的天性相悖，因为这对他们的机体来说是很辛苦的。哺乳动物的宝宝睡在妈妈身边而且喝母乳，才是我们的自然正确的方式。因为只有这样，宝宝在高速成长期，同时也是对母乳的需求的上升期，才可以得到最好的成长发育机会。

⑥ 活动中的宝宝

猴妈妈

有一次，我在街上看到一个男人推着儿童车，他一脸慈爱地看着车里的孩子。我很少看到这样让人印象深刻的表情，那一刻我仿佛看到了弥漫在空气中的爱。

在我生宝宝之前，我也曾设想过相似的场景。有一天，我在一家生态网店看到了一辆很漂亮的儿童车，它的材料是有机木质，由纯羊毛填充。小车是淡蓝色的，外观朴素，但是至少也符合我想给宝宝构造一个漂亮环境的理念。我很想买一辆，尽管这辆小车售价不菲，可能一个月的工资都负担不起，但是我想给孩子最好的，况且塑料儿童车也不便宜,而且我跟我丈夫两个人都有收入,所以斟酌之后,我们买了这辆儿童车。

当这件巨大的包裹到的时候,这是多么伟大的时刻!我们欣喜地打开包裹。小车的功能齐全,可以前后推动,可以带着手提包也可以不带,可以打开顶篷也可以合上,或者直接把顶篷拆下来。好棒,一车多用!但我的表姐酷酷地表示:"我们对于儿童背带很有经验,我可以演示给你看,很简单的。"谢谢,但是不用了。对我来说,这不是难不难的问题,儿童背带和我的构想初衷不符,我不想绑着一个六米长的东西走来走去,也不想每次出门的时候都要缠着这个六米长的东西。不想,不!

后来,我的儿子出生了。当我们要离开家出门的时候,他说:"妈妈,这个你买的漂亮的"危险之地"(车),我不想被放上去。"他表达得并不是那么完美,但是他要传达的意思却很明确:儿童车让人讨厌。我试图说服他改变主意,但是却是徒劳的,他还是坚持原来的观点。

我不情愿地买了那本我表姐推荐的书:伊芙琳·科尔克里斯(Evelin Kirkilionis)写的《孩子想要被带着》(*A Baby Wants to be Carried*)。我立马订购了一个儿童背带,一开始抱着侥幸心理,只订了一个短一点的。

我们的出游还是一如既往地困难。我开始隐隐有一种被孩子禁锢住的感觉,我的孩子嫌弃那个很漂亮的儿童车,而我又不想用那个儿童背带,也不想读那本书。我开始害怕出门。

我的第一节儿童课程复原体操要开始了,也就是说我每周固定在这个时间就必须出门。上课的地方并不远,只需要穿过一个公园,但是我第一次去的时候还是很混乱,我狼狈地一只手推着儿童车，一只手抱着孩子。

我开始意识到必须要做一下改变了，于是我拿起了那本书并开始练习着绑儿童背带，我把我的宝宝放到背带里，然后带着他出门。

第二天，我就迫不及待地到婴儿用品店去看儿童背带。淡蓝色配深蓝色背带？或者绿色条纹的？无法抉择的我给我的丈夫打了一个电话。"黄色"，他说。"黄色配红色的背带"，我边说着边走向了售货员。

不久，我就爱上了我的背带，它又给了我自由！

我的妈妈很为我们感到高兴。她向我讲述她当年随身抱着我哥哥的时候受到的批评，亲朋好友不赞同她的做法，愤慨地呵斥她："你又不是猴妈妈！"但是他还是孩子啊，不能把他放一边，妈妈决定听从孩子的心声，依然如故地背着他，无论是白天还是黑夜。

我也听到过反对的声音，"你不应该长时间背着孩子，这样对他的背不好"，我的邻居经常这样说，报纸上也这么说，但是我还是我行我素地背着孩子。我学会了倾听孩子的声音而且相信孩子，我也越来越喜欢儿童背带。慢慢地，我觉得儿童背带并不是很糟糕。通过这种方式，我与我的孩子越来越亲近，而且可以做我最喜欢的事情——闻孩子的味道。

背着孩子纯粹是因为对孩子的宠爱，就像我们的近亲灵长目动物一样。婴儿的生理配置决定了他们是可以被背的，基于人类婴儿的这种可背性，贝恩德·哈森施坦因（Bernd Hassenstein）发明了一个新的名词"Traglinge"。但是与黑猩猩、大猩猩相比，我们的孩子在出生时还不够成熟，也就是说出生得太早，从生理学角度来讲就是早产儿。但是如果婴儿在妈妈肚子里再多待两到三个月，虽然在成熟度上达到了其他灵长目动物的程度，母体结构却不允许。

所以对新生儿来讲，他们出生后还需要一段时间来成长，这段时间只有在妈妈身边才会有被保护的感觉，而且最好是与妈妈皮肤贴皮肤地接触。这段时间可能是半年或是更长，这又意味着什么呢？这意味着那些儿童车反对者，比如我的表姐和我的儿子是正确的。我的儿子和其他可能没有透露这件事的孩子都喜欢与体贴的成年人共度时光，喜欢那些允许他们参与其日程安排的成年人，无论是被抱在胸前，还是在婴儿背带里。

细心的父母可能会发现，他们的孩子在被背着的时候总是表现得安静沉着。是这样的，压力会在和妈妈的游戏中以及他们的活动中消除。孩子在受到压力的折磨时，会发现这个有着万有引力的、吵闹的世界充斥着诸多刺激与不美好，所以他们就扯开嗓子发泄他们的不满。这时，如果有人背着他们，那么这种亲近的感受就可以帮到他们。

这样就放松了

即使我们的宝宝在出生的时候跟幼年黑猩猩一样成熟，他们在被背方面还是毫无优势。与其他灵长目动物不同，我们人类没有毛皮，所以我们的新生儿就没有办法抓紧别人。为此，我们人类进化出了弥补这一缺憾的能力。我们能够生产各种材料，然后把这些材料制成婴儿背带，这样的话我们就可以背着孩子，而不用每天想方设法地单手用力。

在我儿子小的时候，还没有相关的咨询师能够向我展示如何使用婴儿背带，当然也没有 Youtube 时，我就只能把泰迪熊当成我的儿子，然后按照伊芙琳书中的提示来练习使用背带。等我差不多确认的时候，才敢让我的儿子参与进来，最后我们终于可以出门了。如今就不一样了，很多教学视频或照片都可以向父母们现场展示婴儿背带的用法。

使用背带之后，你可以让你的宝贝放松下来，然后你可以带着他去任何想去的地方。

- ☑ 很明显，用手抱着这种方式适用于从厨房到浴室或者到客厅的距离，也许还适用于去查看邮筒，总之适用于短距离。因为长时间用手抱着的话你很快就会不舒服，所以这种方式并不实用。

- ☑ 如果你要用背带，背带也是有很多种颜色和款式的，彩色的、灰色的、黑色的、有图案的、朴素的、针织的、有弹性的……所以我的建议是，你可以在你附近找一个婴儿背带咨询师，和他探讨各种可能性并且试戴各种背带，你还可以和咨询师讨论各种背带的优缺点，然后认真考虑哪种背带对你来说是最合适的。

- ☑ 还有一种选择是全能背带（Komforttragen）。全能背带同样有很多款式，有质量好的也有质量差一点的，有造型独特的也有工业化批量生产的。很多父母更喜欢全能背带，觉得它更实用、方便，而且不必拖着五六米长的背带。所以，你最好也跟你信任的咨询师一起挑选最适合你的一款全能背带。

如果你不想和你的咨询师一起挑选，而是想自己行动，那么以下两点需要注意：

背着宝宝时最大的助力是**有支撑性**和**可调节性**，所以在挑选儿童背带的时候就着重注意这两点，至于其他的功能，都是可有可无的，你不要被其他不太重要的功能所迷惑，特别是在售货员说"这款卖得很好"的时候，你就要机敏一点，因为她这么说并不一定代表这件产品的质量过关，可能意味着生产商的广告投入多。

在背宝宝的时候，应该肚子贴肚子、面对面地背着，而不是把宝宝朝向外面。另外，宝宝屁屁下面的吊带要足够宽，这样的话宝宝的小腿不是直接垂下来，而是蹲坐在上面，有的背带可能不能满足这个原则，所以这一点也值得注意！

奢华的宠爱项目：皮肤贴皮肤

我给我儿子买的衣服，每一件都是经过精挑细选的，比如这件可爱的、带翅膀的小衬衣！还有这件讨喜的小夹克！我喜欢它们穿在小家伙身上的样子。他在出生后第一周我也都会给他穿衣服，只有在洗澡和去做儿童按摩的时候才例外。

一天，在我妈妈来我家的时候，他一直在哭，我妈妈简单地说道："他需要皮肤接触，把他的衣服脱了吧！"妈妈对于皮肤接触的好处深有体会，她就是通过这种方式给了我最伟大的爱，所以我知道她是对的。

我虽然知道妈妈说得不无道理，但还是有点犹豫，因为我担心我的小宝贝着凉，所以为了皮肤接触，我们仿佛经历了一场"暴动"。每隔几天我们就会把卧室弄得很暖和，然后把孩子脱光放到我的肚子上。起初这种体验并不好，因为小家伙还是在哭，这个有魔力的"皮肤接触"按钮似乎没有发挥它的魔力，我开始变得没有把握了。

我们花费了好长时间才找到皮肤接触的诀窍，然后在宝宝的整个幼年时期，我们慢慢变得淡定而且开始享受这件事。在之后很长一段时间里，我们都把皮肤接触当成万能药，如果孩子想要出去走走，我就会给他脱下衣服，把他背到背上，放在夹克和毛衣里带他出去走走。我非常推荐这个方法。

著名猕猴实验的研究者哈利·哈洛（Harry Harlow）在 20 世纪中期就曾证明触摸的重要性，相关视频在网上应该都可以搜索到。哈洛通过把猕猴宝宝和猕猴妈妈分开来研究触觉的影响以及其他问题。被隔离开的猕猴宝宝有两个"代母"（替代母亲）：一个"代母"是可以提供奶水的装置，另一个是绒布做成的"代母"。最后哈洛发现，猕猴宝宝大部分时间和"绒布代母"度过并到这个地方寻找安全感，只有在它们饿的时候才会去"奶水装置代母"处。所以，触觉的刺激对灵长目动物来说比食物更重要，没有触摸，它们便会选择紧紧依偎在绒布装置处。

多长时间

那么，背孩子有没有时间限制呢？我只能说，没有上限，背的时间长短由你的孩子和你的意愿来定，前提是你们两个都能享受这个过程。没有上限。背着孩子并不会造成遗憾，而是相反。

我们可以再次把目光投向丛林的近亲，人类的幼儿在出生后几个月才能达到小黑猩猩出生时的状态，到四周岁左右才能像黑猩猩那样跳到妈妈背上。

发展心理学家詹姆斯·普雷斯科特发现了爱的能力和早期生理需求得到满足之间存在联系，多年来他一直在研究和平社会和暴力社会之间的区别。他最后得出的结论很有趣：

"我对于有效减少暴力最重要的建议是，妈妈们尽量背着新生儿，并且尽量长时间地背着他们。这项活动能够不断地激发孩子的平衡感，就像在妈妈的子宫里一样，使孩子在与妈妈的游戏和密切的身体接触中可以产生基本信任的感觉。"

是的，但是……

☆ 这到底会不会伤害宝宝的背部

如果捆绑的是正确的儿童背带，那么新生儿甚至是早产儿都可以使用。婴儿在妈妈的子宫里脊柱弯曲成 C 形，直到幼年期（也就是三到六岁）才会重新伸直。用背带背着孩子可以以宝宝习惯的脊柱弯曲的程度（驼背）支撑宝宝的背部，也就是说它完全符合宝宝的人体结构。

有一项研究表明，与那些在正确使用的婴儿背带里每天笔直地坐好几个小时的宝宝相比，躺着的宝宝更容易脊柱弯曲。甚至有观点称，脊柱在子宫中长期弯曲之后如果突然"不自然的伸直"，会产生不利的后果。总而言之，婴儿背带是为了迎合宝宝的人体结构而发明的。

你有没有发现你的孩子一旦被举高,他的小腿就会不自觉地弯曲?这种弯曲反射和抓握反射一样,都表明了我们的孩子期待被妈妈背着。而且一个使用正确且恰当的背带绝对不会伤害孩子的背部,反而会锻炼其背部。

☆ 但是他这样会呼吸困难

"你看,小朋友都要喘不上气了!啊呀,这不行……"一位老太太见此,揪着一颗心直接问我闺密,"不好意思……你的宝宝被背带紧紧绑着,不会喘不上气吗?"

父母背着孩子时,总是会听到这个问题。她们并不是在恶毒地诅咒,而是真的感兴趣或真的关心。也许当你把你的孩子裹在背带里并围上一件夹克的时候,你自己也会有这样的疑问。这样想的不是只有你一个人,科隆大学儿童医院的科学家瓦尔特劳德(Waltraud Stening)和帕特里奇亚(Patrizia Nitsch)同样有这个疑问。她们用三个月的时间研究了二十四位"早产"和十二位正常生产的新生儿在婴儿背带和儿童车里的血液氧气含量、心率、鼻腔的空气流动情况、腹腔呼吸情况和活动。她们发现,婴儿在背带里时的血液氧气含量在可以忽略的范围内上下波动,且波动的幅度在两个百分点之内。

知道了这一点之后,下一次如果再有人关心地问你的时候,你就可以友善地回之一笑,就像我的闺密那样:"当然有足够的呼吸空间!不然我也不会这么做。"

☆ 这样不会太热 / 太冷吗

当夏天热的时候，或是冬天结冰的时候，这个问题就会产生了，但是大自然真的很聪明，它已经准备好了解决方法。

皮肤接触就是所谓的"袋鼠"，对早产儿以及新生儿特别有好处。苏珊·鲁汀顿（Susan Ludington）教授研究了与之相关的方面。她在 2000 年发表的一项研究表明，妈妈的身体可以帮助宝宝调控身体温度，在身体接触五分钟之后，为了给宝宝取暖或降温，妈妈胸部的温度就会向上或向下发生改变。这难道不是很完美的机制吗？用婴儿背带背着宝宝虽然不是和宝宝的整个身体发生接触，但是相应的调节机制仍然会发生作用。

最主要的是你要给宝宝合理穿衣，也就是冬天不要穿得太热，因为宝宝在你的夹克下紧贴着你的身体，但也不要穿得太冷。另外，宝宝的小脚必须得盖上。保暖羊毛裤主要是通过隔绝围绕在纤维组织间的空气保暖的，但是当宝宝坐在婴儿背带里时，空气会被挤到一起，它也就不再保暖了，所以最好给宝宝穿羊毛摇粒绒的裤子。还有，很多热交换也会在头部发生，所以在夏天如果不需要遮挡太阳，就不用给宝宝戴帽子。冬天就正好相反，这样做可以让宝宝更好地调节体温。

☆ 一直这么背着孩子不会影响到他学走路吗，孩子要怎么发育他的运动机能

首先，这是一个符合逻辑的问题。如果一个孩子大多数时间都是从儿童车里向外看世界，那他就不会有太多的机会和动力自己站

起来或向喜欢的东西移动。那适应了待在婴儿背带里的小孩子，又要怎么做到这一点呢？

其实，背孩子的人的不断活动可以锻炼孩子的肌肉和平衡感，在孩子的小脑内，与肌肉、平衡以及运动模式有关的神经元会不断受到刺激。所以，即使孩子睡着了，这套系统依然在运作，通过这种方式也可以刺激孩子学习走路。

一个捆绑正确的婴儿背带或者好的背带还可以是孩子臀骨的发育助力，另外，它也可以帮助孩子加固关节，这都是走路的基础。

☆ 我的孩子想要看这个世界
我觉得孩子朝前坐比背对着我坐更实用

即使模特展示以及艾拉妮丝·莫莉塞特（摇滚乐的超级明星）背着孩子时都是让孩子面向前，但这并不代表这个姿势对任何时期的孩子来说都适用，这只是广告商的噱头。如果你注意观察，你会发现，宝宝面向前的话你会看不到他的小手和小脚，会经常出现宝宝的脚被抬高或腿被伸直的情况。这个姿势的宝宝坐得都不舒服，而且这个姿势对宝宝的臀部发育不利。另外，宝宝朝前坐的话，他身体的重量会分配不均，重量主要集中在了睾丸和耻骨上，婴儿背带两腿之间的吊带会挤压大腿从而导致血管堵塞。简而言之，**无论从人体构造还是心理角度来看，让宝宝面向前坐在背带上都不是一个好主意。**

我们再从情绪上来考虑这个事情。在听完我说："好吧，我觉得面对面的姿势或许有道理，但我觉得我想要孩子背对着我坐，是因为我认为我的孩子想要看看这个世界！"我的好朋友向我解释道：

"换位思考一下,如果你背靠一个'庞然大物'而且还跟她的肚子绑在一起,然后面向前方在人群中移动,同时你的脚还无处安放,你也无法摆脱外力的影响,你只是单纯被动地在人群中移动,你的感受如何呢?"

我理解她所描述的场景及感受。面向前方对宝宝来说很难建立和感受到安全感,也几乎没有机会摆脱周围环境的喧闹。相反的是,面向妈妈或者爸爸坐的孩子,如果他觉得周遭太繁杂的时候,可以简单地把脑袋转向妈妈或爸爸,并紧靠在其身上。

☆ 如果经常背着孩子,不会让孩子过度兴奋了吗

关于这个问题,我想继续向你讲述哈利·哈洛实验中猕猴宝宝的悲伤故事。它们看起来好像跟绒布装置建立了亲近的联系,就像跟真正的妈妈那样。但是它们在长大之后,逐渐表现出孤独生活所导致的可怕后果。它们经常公式化地、摇摇晃晃地走来走去,用胳膊抱紧自己,而且欠缺社交能力。

很显然这不是偶然。猕猴宝宝原本从它们自己真正的母亲身上得到的东西远远多于一套绒布装置,它们可以学到很多东西,它们可以享受着被爱、被抚摸呵护的生活。两位年轻的研究者均森(Mason)和贝克森(Berkson)与哈洛一起工作,他们发现:"第一周的猕猴宝宝经常被猕猴妈妈背着并且不断被刺激着活动,这难道是关键所在?"两位研究者又重复了哈洛的尝试,并另外设置了一组对照组。他们将其中一半的猕猴宝宝的绒布装置放到一个角落,如果猕猴宝宝要使用绒布装置,就被迫要行走活动。最后他们

发现，不动的那组猕猴宝宝有九成会发展出固定的、晃晃悠悠来回走的症状，而"活动"的猕猴宝宝却没有这种症状。玛森和贝克森找到了他们的答案。

> 灵长目动物和我们相似，所以这个实验能够说明，对婴儿来说，活动是有利的而非有害的。除了活动，婴儿也可以锻炼各种感官，也就是他们在妈妈臂弯里或从背带里看向世界时会经历的：嗅觉、听觉、感觉。

如果他们觉得这个世界太烦扰，他们就可以把脑袋转过去，也可以把自己藏进背带里。此外，我们的宝宝还很幸运地和真正的父母一起生活长大，而且父母会对他们敏感的信号作出反应。

☆ 我的宝宝不喜欢被背着

如果你选择听宝宝的话而不是书上（包括这本书）的话，这是好事，"尽信书则不如无书"嘛！有的宝宝就是不喜欢背带或其他辅助设备。医学上可以解释这种跳脱在框架外的现象。在这一点上我可以告诉你两点：

第一，你的小宝宝有了自己的意识，在你要把他送到幼儿园的时候，他会伸展四肢并伸长身子表示抗拒。你试图用牛奶哄骗他坐到背带里，但是宝宝还是愤怒地伸直身子并用力地拒绝，他并不想坐在背带里被背着。出现这种现象是因为宝宝长大了，不想再被背着了。

第二，你在推着坐在儿童车里的孩子出门的时候，突发奇想要背着宝宝体会一下彼此亲近的感觉，但是你发现你的孩子不愿意。为什么会这样呢？他难道不重视你为他计划的事情吗？解决的方法很简单！俗话说得好："农夫不会吃他不认识的东西。"小孩子是习惯性动物，如果在前六周他没有被背过，在这之后也极有可能不愿意被背，因为他不愿意做他不熟悉的事情。

在了解了以上两点之后，你自己认真地考虑一下，你是否真的想要背着孩子，一定要真诚地回答自己，而且要有耐心。

⑦ 让屁屁呼吸

■ 舒适的尿布时期

"来，我想我们应该把你弄干净。"我的丈夫边跟我们的儿子说着话边走向卧室，他走到卧室放婴儿用品的柜子前，拿出里面放着的尿布。我的儿子在我丈夫的怀里愉快地享受着。

我侧耳听他们是怎么娱乐的，我很开心地发现我的丈夫在用奇怪的音调和孩子叽叽喳喳地说话，就像我平时那样："好了，我给你换下尿布！"但是不久就听到一声愤怒的大叫："嘿！你尿到我身上了！"这种事不是第一次发生。从嘴里进去的东西，总要从下面排出来。排出来之后小朋友就会等着换掉尿布，弄不好的话周围就会被弄上一大滩液体，如果这时刚好有客来访，画面一定很精彩。所以我一般会在打开尿布的时候快速地放上一块毛巾。幸运的是这种情况没有持续多久，因为我们发现了另外一种解决方法，但那是之后的事情了。

换完尿布的下一步就是给宝宝按摩。就像之前提过的一样，皮肤接触固然艰难，但是总会成功的。加热器下温暖、柔软的双手，一点点杏仁油……与我和我的丈夫一样，我们的小宝贝同样享受这项按摩。按摩时，我们可以随心所欲地亲吻他的小肚子，亲热地抚摸他的小手和小脚。哦，天哪！还可以轻嗅！总是觉得世界上再也找不出比我儿子更好闻的东西了。

我们的按摩手法并不是很熟练，尽管如此，我们的宝贝还是很享受也很喜欢。我们也没有请教专门的儿童按摩专家,只是在一本介绍儿童按摩的书上简单地学习了一些手法,比如说可以在宝宝的小胳膊上轻轻地抚摸,或是在宝宝的胸腔处从中间向两边按摩。我有点担心我按得太糟糕的话,会把宝宝按坏,所以我一般都很小心,很轻柔地按照书上介绍的这些手法给宝宝按摩。虽然手法不多,但是对宝宝来说已经足够,毕竟按摩只是为了用这种古老的语言互相交流。"我们非常爱你,"我们的双手说,"你在这很安全、很温暖。"

我还记得我弟弟是个小婴儿的时候,我体会过同样的温暖和爱。当时换尿布的桌子就成为我们之间联系、亲近和给予温暖的地方。但是等我弟弟慢慢长大之后,事情发生了改变,他用肢体语言告诉我:"我不想被放倒在这,不想紧贴在这里或者那里,我还有别的事情要做!包尿布太愚蠢了!放我下来,立刻!马上!"

这真的很不美好,两岁的孩子是很强硬的,而且我总是觉得我的母亲在听到其他人(比如我们这些哥哥姐姐)说要给我弟弟换尿布的时候,似乎松了一口气。大哥哥大姐姐对两岁的孩子来说是很酷的,所以他很少会拒绝我们,而我们也很喜欢做这件事,当然这话是说给别人听的。如果说实话,即使是作为一个自豪的大姐姐,我还是觉得小朋友的排泄物让人很反感。

在我的儿子出生之前,这些场景仍然历历在目。一方面我知道,尿布时期是很美妙的时期;另一方面我也知道,当孩子慢慢长大之后,这种乐趣就不再存在了。

☆ 用哪种尿布呢

在我还跟怀孕生子这个人生阶段毫无瓜葛的时候，我的闺密阿莱克斯·茨卫铃（Alex Zwillinge）正在期待宝宝的到来。受她所托，我又找出了我的老式电脑，想要搜索与宝宝相关的信息。我把藏在童鞋里的网线接口插在调制解调器上，在好一阵折腾之后我才成功地连接上网线。但是当我第一次进入相关网站的时候，我被这满屏的信息惊呆了。

我有一项任务，阿莱克斯请我帮忙查一查布尿布和纸尿布哪个更好。我查了之后发现了惊人的事情！我不仅找到了琳琅满目的信息，还另外了解到了别的情况——有的父母既没有用布尿布，也没有用纸尿布，他们完全没有用尿布！一位母亲还详细地描述了不使用尿布要怎样照顾孩子，虽然这位母亲描述得并不复杂，但是我并不认为阿莱克斯会认同这件事，既然不用尿布是完全不可能的，我就暂且放下这一惊人发现，又接着集中在我的任务上，开始查找不同尿布的优缺点。

☆ 所以呢，到底应该用布尿布还是纸尿布

首先我觉得这个问题很难有一个明确的答案，毕竟二者各有所长。所以还是那句话，因人而异，最后做决定的只能是父母自己，或者是宝宝。因为很多宝宝会告诉他们的父母什么是正确的。

除此之外，我发现二者也都有让人担心的地方，也就是说，无论纸尿布还是布尿布都各有弊端。比如，纸尿布容易生热，而布尿布鼓鼓囊囊的容易限制活动的能力，知道这些缺点可以帮助我们理

智地做出选择。但是也不要过于担忧，这些方面都值得讨论，在这里我们就主要考虑优点。

"帮宝适"是纸尿布品牌中较为权威的，也确实是非常实用的，毋庸置疑，这就是它的优势。就像星巴克的纸杯一样，虽然一般情况下并不是非它不可，但每当我开车带儿子外出的时候，还是习惯带一包。

对容易焦虑的父母来说，选用布尿布是一种额外的负担，他们会觉得布尿布就像哺乳一样是他们心力交瘁的原因。一旦他们觉得负担过重、超负荷，就会导致没有安全感和随之而来的孤独感，在这样的情况下，使用一次性尿布就很方便，也可以有效纾解他们的情绪。

另外，在旅行的时候，很多父母也觉得直接扔掉湿了的或是脏了的尿布更方便，而且不需要把臭烘烘的、需要换洗的尿布再放到行李箱里。确实是这样，我记得当时我们一家人要自驾去万格罗格岛，我在打包行李的时候，除了带了在野外应对各种可能情况需要的各种用品之外，我还要带上换洗的布尿布，收拾下来仿佛带了半个家。虽然我承认，我带的东西有一半都是没有必要的，但是其实我并不是个例，其他很多勤劳的新手妈妈都是这样。

还有一个支持纸尿布的原因，纸尿布与大多数布尿布相比更轻薄、更方便。

上述所列的纸尿布的优点，总结起来讲就是纸尿布很实用、很轻薄。

布尿布自然也有它存在的意义。比如，如果布尿布湿了，是很容易察觉到的。而纸尿布的生产商追求的是"这款纸尿布吸水性很强而且可以保持数小时的干燥舒爽"，其实这对宝宝的发育并不一定是好事。用布尿布的话，当宝宝要解手的时候，他会立马得到反馈："噢，我小腹有感觉了，有事情要发生了而且不久就要湿了。"这时，身体就会做出相应的举动提醒不能尿裤子，尤其是在晚上的时候。

另外，布尿布还比纸尿布亲肤。诚然，布尿布会变湿，但是尿液在新鲜的状态下是不会对皮肤有害的。不知道你有没有在润肤膏的成分表里看到过"尿素"这个词？在润肤膏和软膏中添加尿素可以保证湿度甚至可以用来治疗湿疹，由此看来我们的身体总是生产一些神奇的东西。很多父母讲，他们的孩子皮肤敏感到只能使用布尿布，否则会过敏。

布尿布比纸尿布环保。就像劳里·布克（Laurie Boucke）说的那样，当我们把纸尿布扔到垃圾桶里，这并不是所谓的"扔走"，它在我们的星球上至少还会保留五百年，连同其中含有的化学物质。德国一个国家每天就会生产八百万件纸尿布，每天八百万，一年大约就是三十亿，这三十亿件中的一件要腐烂，需要延续十五代。可能到时候我们的后代会跟我们讲，他们要把游乐区整理一下，因为那里已经放不下尿布了。

总结一下布尿布的主要的优点是，布尿布湿了之后，宝宝可以觉察到布尿布与纸尿布相比更亲肤、更环保。

电影制片人杰姬·法默（Jackie Farmer）在她儿子小的时候提出了跟我一样的问题，她不想制造尿布垃圾，但是也确实找不到纸尿布的替代品。她在外出旅游的时候趁机拜访了世界各地的专家，她从与他们的交谈中得到启发，并把其中的信息整理成册，将其命名为"Wickeln Windeln Wegwerfen"（意为：包裹、尿布、丢弃。三个单词均为 W 开头）这本书在 Vimeo（网站名）和 Youtube 上都可以找到。

除了上述两种尿布，其实还有一种你可以选择的尿布类型，而且它对宝宝绝对有利，那就是光着屁屁。如果宝宝的屁屁受伤了，通常医生会建议让宝宝光着屁屁，光着屁屁对宝宝来说有利无害。如果宝宝刚解决了生理问题，你起码知道短时间内他不会再次尿床，你可以在换了尿布之后让宝宝放松一会儿，让他光着屁屁，大多数宝宝会觉得这样很舒服，而且这样也可以防止额外的伤害。

宝宝的皮肤很敏感，他容易从体贴细致的照顾中受益，细致的照顾就是指你用柔软的毛巾蘸温水擦洗他的屁屁。但是注意不要用吹风机！因为这很容易导致触电或是糟糕的烧伤。如果你发现宝宝皮肤发红，那么可以用母乳涂抹在发红处，毕竟母乳是"万能药"。

第三种选择

你无法在纸尿裤和布尿布之间选择的时候，不妨尝试一下不用尿布。怀孕期间，我又想起了那篇"怪异"的文章，想起了那位不给孩子用尿布的妈妈。于是我在网上又找到了那篇文章，我认真读完这篇文章后，发现里面的信息量真的很大。

除此之外，我在一本书中读到了别的选择，瑞塔·梅斯梅尔（Rita Messmer）的《你知道如何培养孩子的自信和独立吗？》一书中是这样描述的，孩子从出生开始就对排泄有意识，如果察觉到他开始不安分，父母可以发出特定的声音（比如"嘶嘶"声），同时把一个容器放到解手的地方。其实这个过程是很简单的，而且在每个国家都是通用的。另外我也了解到，我们的老祖宗早已经掌握了这个方法。使用这种方法最好的时期是在孩子出生后三到四个月。

这种方法到底有多伟大呢？这种方法没有或几乎没有尿布垃圾，而且不需要用到换尿布的桌子。在我还没有想好如何解决孩子排泄的问题的时候，我的儿子就降生了。我的丈夫对于这些陌生的事情格外地谨慎，他对我说："你可以试试，但是不成功的话也不要失望。"为什么不会成功呢？我受到了很大的鼓舞并且对我要做的事情更有信心了，我的目标就是：没有脏掉的尿布！

然而，理想很丰满而现实很骨感。过段时间我发现，当我儿子要小便的时候，想要用的"嘶嘶"声成功地给这个柔软的、会动弹的小生命把尿是很难实现的，这好像是第一次我觉得自己被挑衅了，我的生活本来就已经发生了巨变，我的身体也变得不一样了，所有的事情都是陌生的，难道现在连把尿这种小事也要给我添堵吗？

但是我并没有放弃这个想法，在我儿子三周大的时候，我开始试着在每次换尿布的时候都给他把尿，然后嘴里重复着"嘘嘘嘘嘘"，我亲爱的丈夫不知什么时候也跟着这样做，总算功夫不负有心人，父母和孩子的通力合作促使这件事成功了。

很多父母其实也跟我们一样，我们的心路历程大致是这样的：首先觉得这个过程绝对新颖且难以想象，之后会觉得好奇甚至有点怀疑。但是当我们开始经历这个过程，爸爸妈妈们会收到一系列"不用尿布"带来的礼物。

☆ 不用尿布可以制造快乐

当父母能够正确辨别出他们的孩子要解手的迹象的时候,那种喜悦之情是难以形容、不可言传的。我曾经听过一位父亲这样跟他的朋友讲述:"很难想象,但是它就是会让你激动。"确实如此,宝贝和父母之间建立了一种无言的默契,对方一个动作就可以互相理解,这样的瞬间确实足够让人兴高采烈。而且一旦宝贝发现他的父母理解了他的处境并成功帮他解决了困境的时候,宝宝会深受鼓舞,然后越来越清楚地交流。很多妈妈们都跟我讲述了这样一个有趣的现象,当她们的宝宝发出"我要解手"的信号被她们理解的时候,那个瞬间她们在宝宝身上看到了自信和成功交流的愉悦。

☆ 不用尿布对健康有利

宝宝的屁屁受伤是在聊到宝宝时很常提到的一个话题。不知道你记不记得有这样一条广告语:"你宝宝的屁屁总是受伤吗?给他用米勒博士的超干尿布吧,你的宝宝会像翱翔在天空中一样惬意。"

所以,宝宝的屁屁受伤是一件很正常的事情,儿童医生也会告诉你:"这很正常。"受伤的屁屁有多疼,我想很少有成年人能够想象得到,我只知道,如果我被家里养的兔子抓伤了胳膊,我早就开始哭诉了,更何况是整个小屁屁都受伤了。这样想来,孩子用最大的嗓门哭喊也情有可原啊。所以,请毫无顾忌地宠爱宝宝吧,更何况,如果孩子大声哭闹父母也会很不好受。

虽然我对相关研究不清楚,但是我无法接受让我的孩子这般痛苦地生活在这个世界,而这种可怕的疼痛大家还都觉得是正常的,一定有什么方法可以避免这种情况，当然不是听信广告里的"超干尿布"，其实，不用尿布的话，父母基本上可以避免这种情况。

当孩子的屁屁受伤的时候，儿童医生一般会建议尽量不要给孩子使用尿布，而且要保持干净。所以，如果你平时就给孩子使用尿布，这两条可以轻松满足。

扔掉尿布，百利而无一害。显而易见地当属预防屁屁受伤和皮肤炎，除此之外，不用尿布还可以有效防止其他的疾病。

根据我们的观察，不用尿布与使用尿布相比，孩子很少出现胀气、腹痛和消化问题。我对此的推测是，很多宝宝不想让他们的皮肤沾上排泄物，如果他们戴着尿布就会忍住不排泄，我是在观察我儿子的时候想到的这一点。在几周大的时候，我的儿子得了脐疝，而且一直不见好转，我们不得不认真对待。脐部缺少脂肪组织，使腹壁最外层的皮肤、筋膜与腹膜直接连在一起，从而成为整个腹壁最薄弱的部位。宝宝肚子上凸起的部分看起来就像个小樱桃。"婴儿的两侧腹肌未完全在中线合拢，留有缺损，不断地挤压腹腔内容物，从此部位突出形成脐疝。我们必须要手术。"儿童医生说道。但是我回应说"不必"。我想让宝宝腹腔内的压力排出，这样的话腹壁就能够愈合。几天之后，脐疝果然消失了，和它一起消失的还有数月的绞痛，而且孩子每天数小时的哭喊也变得可以忍受了。我觉得这件事让我印象深刻。

☆ 不用尿布可以让宝宝感到更舒服

不用尿布不仅可以减少各种疾病的发生，也可以让宝宝的舒适感倍增。

细心的爸爸妈妈们会发现，不用尿布他们更容易辨别宝贝的肢体语言并对此及时作出反应，这一切的结果就是他们的宝贝感觉很不错。但是要注意的是，与正常情况相比，宝宝处在发育期、受病毒感染或是冒牙的时候，对排泄需求的反应较为不明显。而且父母出状况的话，沟通也多半不会顺利。对此我深有体会，我发现如果我情绪不佳、脾气暴躁，要成功配合宝宝收到需要排泄物的信号会变得异常艰难。

☆ 不用尿布对环境有利

你的孩子对你来说可能是唯一的小王子或小公主，但是宏观上来讲，他（她）只是每年欧盟降生的大约 770 万美好的孩子中的一个。美国每年大约有 480 万孩子出生，日本和澳大利亚总共是 130 万。而在全球大约 13300 万的孩子中，据估计至少有 1400 万的孩子使用一次性尿布，其中还没有算非洲和南美洲。另外，我还略过了中国这个庞大的市场，所以这假定的 1400 万还只是保守估计。

使用一次性尿布的这些孩子，到他不再需要尿布为止，每个孩子至少要用 5000 到 6000 块尿布，这意味着，我们每年给全球的垃圾山制造超过 800 亿片的尿布垃圾。800 亿什么概念呢？如果你要数清 800 亿片尿布，你一天数 12 小时，那么你需要数 25000 年。

从个人角度看待这个问题，可能更容易理解。不久前，当我的儿子沉迷在消防车玩具的时候，我尝试把每个婴儿在他生命中制造的纸尿布垃圾比作消防车的油箱。假设既不考虑垃圾对生活的影响，也不考虑生产和运输纸尿布产生的能源消耗，我们设想一下，这些纸尿布我们既不放到垃圾堆放场也不放到垃圾焚化炉，而是把这些纸尿布直接放到我们的花园里或是前面的庭院里，由于一次性尿布的难降解性，它们不会腐烂，所以它们不会消失，只会慢慢堆积。它们也不应该简单地被焚烧掉，因为其中含有大量的化学成分。这些纸尿布将会在花园庭院里疯狂"生长"，甚至吞噬我们的房屋。

说到焚烧，我突然想到如果我们是在巴布亚新几内亚，就很少会有爸爸纠结用一次性纸尿布还是不用尿布的问题。因为那里没有垃圾清运，所以爸爸们需要自己掩埋垃圾，当挖好的垃圾坑很快就被纸尿布填满的时候，他们一定激动不起来。

在德国的我们就很幸运了，从2005年六月开始，禁止堆放未经处理的垃圾，我们的生活垃圾会被放入焚化炉转化为热能源进行热处理，但是这个举措也不是万无一失的，原因有两个：

第一，全世界并不都是这样。

第二，垃圾处理即便在我们国家也不是彻底的，焚化产生的剩余部分会被"安全专业地储存在地下"。这种处理方式其实有点掩耳盗铃了，我到现在还记得我弟弟小的时候喜欢整理他的房间，但是他的整理就是把所有的东西都拖到架子下，然后不知道什么时候就会发现，柜子最底层的挡板在一步步升高。

最夸张的是在德国南部的梅肯博伊伦有一个专门的尿布焚化炉，"尿布-维利"是世界上第一座尿布发电站，在这座发电站每年有4200吨的尿布被转化为能源。不是每个大城市都有这样的一座发电站，所以垃圾处理依然任重道远。并不是所有的孩子都是穿纸尿布长大的，至少有一少部分人为能源节约作了贡献。

每省一片尿布都是对环境的贡献。

☆ 不用尿布可以省钱

不用尿布对节约资金的父母也是有吸引力的，因为尿布太贵了。按每片尿布 20 欧分，一个孩子需要 6000 片尿布来算，尿布这一项的支出就是 1200 欧元。如果是生态尿布，每片 20 欧元，每个孩子用 20 片就是 480 欧元，当然这个尿布是可以循环利用的。如果不用尿布，即使是豪华配置——五件布尿布、五件昂贵的训练内裤、两个便壶和八条开裆裤，那么每个不用尿布的孩子也只需要花费 400 欧元，而且这些东西也是可以传下去的。

你觉得每周把省下的 5 欧元存到储钱罐这个主意怎么样？省下的这笔钱，你可以在安置好孩子之后，找一个周末和最爱的人出去犒劳一下自己。

☆ 不用尿布的话如何实践

如果你被我上述的列举打动了，想要尝试不用尿布，那就行动吧！但是要怎样做呢？

在没有我的宝贝的时候，我觉得这个问题很好回答，我觉得当我的孩子要解手的时候，他会告诉我，而我又百分之百地理解他，我们就会彼此很和谐地挨过六个月，当然这是我理论上的想法。

实践的时候我发现并非如此。换尿布的时候我给儿子把尿，哺乳的时候也把尿，在真的决定不给他用尿布的时候，我又害怕了，我犹豫了一天又一天，一周又一周。直到我犹豫够了，儿子又得了脐疝，那时候我们没有别的选择了。我想，大概可以分这么几步走。

☆ **第一步：互相信任**

首先我按照劳里·布克（Laurie Booker）在《婴儿如厕训练》（*Infant Potty Training*）中建议的那样操作：观察。我按照劳里的示例做了一个表（如下），在表中，我记录了孩子的哺乳时间、睡觉时间、排泄时间并加以备注。之后，给屋子开足暖气，我脱掉了儿子的尿布，和他度过了接下来两天的观察期。

睡觉	哺乳	大便	小便	备注
15:05-15:25			15:30	

之后，我虽然知道了他的排泄模式，但是还没有真的搞懂，幸运的是我在努力接近正确答案，而且我不再恐慌。

☆ **第二步：在有可能成功的时候把尿**

在我两天的观察期中，我至少知道了劳里说的是正确的。我的宝贝的排泄时间和他的哺乳、睡觉时间是有关系的，睡完觉他一定会排泄，哺乳的时候也一定会。我了解到，大部分宝贝的典型情况是这样的。

睡觉之后：你知道为什么你白天喝了那么多饮料，晚上也不会起夜吗？是因为你有抗利尿激素，简写为 ADH，它能够让机体的水分含量保持平衡，它会提取尿液里边的水分，这样的话小便就会集中变得量少，膀胱就不会充盈。就在你早上醒来之前，下丘脑停止分泌抗利尿激素，所以你要去小便。你的宝贝也是如此，所以醒来之后是宝贝最可能小便的时间。

在哺乳和进食时： 在哺乳的时候我的宝贝一般也要小便，其他很多宝贝应该也是如此。如果他们忙着吞吐，大多就是在清楚地宣告自己要排泄了这一事实，奶瓶喂养的孩子可能也是相似的效应。很多妈妈会在哺乳的时候在孩子的屁屁下面放上便壶，我不会这么做。我会在他喝母乳的时候放一块毛巾，如果毛巾变湿了，我会评价说："嘿，小家伙，你尿了。"一段时间之后小朋友就知道要等一下，等我放好容器。你也可以跟你的宝贝说："我发现你要小便了，等一下，我给你拿盆。"

☆ 第三步：使用声音信号

为了更好地掌握我的儿子什么时候小便，很长一段时间内我都不让他穿内裤，只戴着布尿布，这样我们可以避免家里到处都是水滩，但又能观察他的排泄时间。一旦他尿湿了，我们会跟他说"你尿了"或是发出"嘶嘶嘶嘶"的声音，这样他就知道了。为这件事命名，从而让他懂得这是值得他注意的事。劳里·布克在他的书里也同样谈到了声音信号或者容器信号。

声音信号可以有很多可能性，很多民族会用"嘶嘶嘶嘶"，也就是对流动的水的声音的模拟。有的宝贝会对模糊的"呼呼呼呼"声有反应。也有的家庭会直接说："要尿尿吗？"你可以简单地试一下哪种是最适用的。

你在用便壶或其他容器把尿的时候，也要发出这种声音。这样的话孩子才会知道，哪里是正确的小便的地方。

☆ 第四步：了解宝宝的信号

开始把尿的时候，我从劳里·布克的书中学到很多，这些建议陪着我度过一个又一个阶段。书里包含了大量的宝宝可能使用的信号，我认认真真地学习，因为我不想错过任何一个信号。尽管如此，我还是错过了一些，但是最后我发现这也不是太糟糕，因为我和宝宝渐渐地形成了良好的配合。

基本上，宝贝的信号可以分为两大类：有意识的和没有意识的信号。

宝宝进行消化活动的时候，一开始主要是身体不自觉的反应：

- ☑ 典型的腿部活动
- ☑ 腹部肌肉系统的收缩
- ☑ 哺乳时忙碌的吞吐
- ☑ 呼吸频率变化
- ☑ 特别的面部表情
- ☑ 典型的哭泣和尖叫

对于宝宝这样的举动，雷默·拉尔戈（Remo Largo）博士在他的《育儿时期》一书中也提到过："在宝宝要排尿或排便的前几秒，他一般会有典型的哭喊，而且他的身体和小腿会突然地活动。若我们对此不作反应，这种行为会在几周后消失。"

尤为有趣的是心灵感应的信号，对此很多父母都说，如果他们的宝宝要解手，无论什么时候，他们都会知道，更匪夷所思的是他们自己甚至会有想解手的感觉。有时候，他们抱着孩子突然感觉湿湿的，好像孩子撒尿了一样，但是当他们仔细找的时候，全都是干的。这听起来有点荒谬，但可能这就是心电感应吧。

当孩子大了一点后，会使用有意识的信号：
- ☑ 宝宝口头有指向性的表达
- ☑ 指向便壶或洗手间的门
- ☑ 倚向便壶的方向
- ☑ 从床上要求去地上
- ☑ 不想待在婴儿背带里或想从背带里出来

像所有的宝宝一样，我的宝贝也长大了，我们之间的交流方式自然也改变了，我的儿子教会我要灵活。

☆ 第五步：要自信、有耐心地等待不要走开

在我们找到规律后，一天一天过去，技巧变成了习惯，我们彼此配合得越来越好。当然有好的阶段就会有不太好的阶段。如果失败，请放轻松。或者，像我的好朋友说的那样："微笑、擦干净、洗干净。"不用尿布也并不代表着要完美地不错过任何一次排泄，或者要达成一种多么高的业绩，这只是一种联系和交流，其他的一切都是副产品。

所以，很多人愿意将把尿称为 EC——排泄沟通（Elimination Communication）。

保持轻松

采访免尿布理论先锋——劳里·布克

Q：你认为排泄沟通最重要的三个要点是什么？

第一，排泄沟通（Eimination Communication, EC）与沟通交流有关，而且你要迎合你的宝贝

EC是一个共同的事情，它由宝贝主导，你负责观察他给出的信号和他的时间间隔，并对此作出反应。有很多家庭，所有人都帮着给宝宝把尿，妈妈、爸爸和兄弟姐妹全体出动，同时祖父母和信任的看护人员也会在旁协助。你要在什么时候给你的宝宝把尿呢？你可以通过你宝宝的身体语言、他的时间间隔、吃饭和睡觉的模式以及声音表达知晓这一点，也有的父母用直觉来判断他们的宝宝什么时候小便，另外，宝宝的手势语言也是一种很好的沟通方式。

第二，保持一种积极的、有益的心情

保持轻松是关键。孩子感觉到紧张的话，会阻碍沟通的进行并阻碍你们之间的了解。惩罚和惭愧是绝对禁止的，排泄沟通并不是为了达到一个特定的目标，也不是促进整洁训练，更不是和其他父母、孩子竞赛，就保持平常心，不要期待太快太多。在你体贴的帮助和耐心的引导下，每个孩子都有自己的进展速度，就像学习其他能力一样，如厕训练也有障碍。如果宝宝退步了，也是很正常的，通常情况下这与他不舒服、学得太多、分心、不安或是有压力有关。

有的宝宝在一些发育里程碑的时候，把尿的能力就会暂歇一下，比如说爬、走路或是学说话、长牙、生病或是情绪上的疲劳等。如果家庭环境或氛围改变，排泄沟通也会陷入混乱，但是好在孩子在短暂的停顿之后都会恢复正常。

第三，排泄沟通在"兼职"的情况下也可以正常进行

要外出工作的父母以及其他忙碌的家庭，可以找机会将排泄沟使你一天能把尿的次数不多，但是只要每天大约在固定的时间把尿，同样可以达成效果。如果你的孩子要去托儿所，这也是可行的，你可以偶尔给孩子提供便壶。另外，兄弟姐妹也会是很大的助力。总之，成功的关键是找到平衡。

晚上到底该怎么做呢

很多父母觉得晚上不用尿布是最简单的，但是我有点难以想象，说实话一开始我很担忧。我的儿子在睡袋里睡觉，他身上穿着睡衣，下面还戴着布尿布。当他表示要小便的时候，我一般做不到忽略，所以我一晚上会频繁地给他脱睡袋、睡衣、裤子以及尿布，然后带他到便壶处撒尿，再给他把各种衣服穿上，我要摸黑做这些事而且没有戴眼镜。

我用了很长一段时间才有勇气在晚上把儿子的尿布脱掉，在我终于这么做了之后，我才发现这件事真的很简单。

不用尿布处理孩子的排泄问题，晚上可以处理这个问题的方法有很多，不同的家庭有不同的选择。有的宝宝晚上会用纸尿裤，也有的会用布尿布，还有的什么都不用。有的父母会在晚上给宝宝把尿，也有的会眯缝着眼睛、疲惫困顿地嘟囔着跟宝宝说："要换尿布了。"还有的宝宝自己睡，父母会定时给宝宝定时把尿。只要这些处理方法对参与者奏效，它们就是好方法。

什么时候我的孩子就学会如厕了

不用尿布并不代表孩子学会了如厕。大多数父母都希望他们的孩子能尽早地学会如厕，不再随便解手，因为只有这样才可以转过头去嘲笑那些持怀疑态度的亲戚。

在我儿子很小的时候，我发现读懂他并成功把尿是比较简单的，我们基本上没有发生意外。所以，我很认真地觉得，我的宝贝会是西方第一个九个月就能学会如厕的宝宝。

我不给宝宝用尿布从来就不是抱着尽早成功的目标开始的，我只是想用这种方式和我的宝贝进行联系、沟通和交流。当一切都进展得很好的时候，虚荣心占了上风。如果我们可以夸耀我们的爱以及与孩子的联系，岂不是很好？如果我们可以向大家证明，把尿这件事在我们国家也是可行的，岂不是很棒？

幸运的是，我的儿子感到开心，只是单纯地因为他的意愿被妈妈理解了，而且得到了妈妈的呵护。这种开心并不是因为我脑袋中想的某种抽象的目标，也不是因为他取得的某种成绩，所以，由他来决定进度，而且他表达得很明确。我们当然没有在他九个月的时候就完成我的设想，十个月的时候也没有，十一个月也没有。

与我设想的大相径庭，大约在他一周岁的时候，我们才进入下一步，这比预想的推迟了好几个月，所以，他和其他很多孩子的情况差不多！

一周岁之后，就好像打开了某个开关，突然之间一切都很顺利，他自己可以去洗手间并能够完成需要完成的事情：自己脱掉裤子，去小便然后再自己穿上裤子。如果他要大便，他会叫我去给他擦屁股，当时他大约二十个月大。

这个年龄也是很多不用尿布的孩子学会如厕的年龄：十八到二十四个月，但是也不排除会晚一点的可能，就像有的宝宝早早会走路，而有的孩子要晚一点一样。所以你最好不要把期望放在早晚的问题上，好好地享受和宝宝的旅行吧。

是的，但是……

☆ 但是宝宝在两岁的时候才能控制自己的括约肌，不是吗

我们家的母狗在它九周大的时候成了我们家的一分子，它在要小便的时候自己能够感觉到，然后明确地通知我们，我会把它带到门前，然后它就出去自行解决。虽然它还不会像成年的狗一样憋很久，但是不要紧，因为我可以立马带它到门前，就像几年前我的儿子还是婴儿的时候，他用他无声的语言告诉我，他要小便。

他要小便，我就给他准备好容器，然后他解手就可以了，没有人需要他憋住，也就更不需要什么括约肌了，括约肌的控制在我看来不过是医学上的无稽之谈。

与我相反，瑞典林雪平大学附属医院的格尼拉·格拉德哈博士对于这件事情看得更透彻。在 2000 年，她和她的团队研究了 52 位健康的新生儿，其中 26 位小女孩、26 位小男孩，他们的年龄均在 3 到 14 天左右。研究者们每 4 个小时会观察这些宝宝的排泄模式。在这期间，他们会挤压孩子的小肚子，想要手动地把膀胱中的液体排出来，但是研究者们发现，这不奏效。宝宝们每小时都会自然排

泄平均 23 毫升尿液，但是人工却做不到。所以实验表明，**健康的新生儿各方面配合得很密切，他们从一开始就有很活跃的、有很好控制能力的括约肌。**

通过把尿，他们知道了要在一个特定的容器释放而不是随便找一个地方。坦白讲，后者和我家的狗做的没什么两样，它会跑到草地上或是墙角去小便。

"你家小狗已经可以做到不随便大小便了吗？"一位一起遛狗的朋友惊讶地问我，那会儿我们正在看着狗狗们打架。"是的，"我淡定地回答，"早在它九周大的时候，也就是我们开始养它的时候就不随便大小便了。"另一位女士下意识地摇头，说："这不可能，一般情况下它们最早在十二周的时候才会控制自己的括约肌。"我淡淡地笑了，并没有回答。

☆ 宝宝要大小便的时候，他们根本都察觉不到，更谈不上交流了

你是否留意过这样一种现象，当你打开尿布的时候，你的宝宝刚好尿出来？这时通常的观点会认为，宝宝并不那么敏感，这种现象是一种反射：打开尿布——生殖器感受到冷空气——尿出来。

但不用尿布的父母一般不相信此种反射。我们的理论其实是宝宝不想让他的排泄物弄到身上，所以他会等，直到你取下尿布，他才会解决生理问题。他并不是因为偶然出现在身边的人，而只是注意不让尿弄到身上。

2012 年，瑞典一名年轻的科学家的一项发现支持了这一理论。特里格韦·尼维斯（Tryggve Nevéus）喜欢猫，他在乌普萨拉大学

从事泌尿系统发育的研究工作。他和哥德堡大学的乌拉·希伦（Ulla Sillén）合作发现，宝宝从出生开始，高级神经中枢就参与排尿。这句话听来简单，却有深层含义。排尿并不仅仅是一种反射，反射是由脑干控制的。如果高级神经中枢从出生时便开始参与，那么就意味着宝宝从出生开始对于排尿就是有意识的。父母们长期以来猜测的事情，已经得到了科学的证实。

☆ 我觉得这么说不好，但是据我所知，严格的如厕训练有害，而且会导致尿床和心理问题

把如厕训练与尿床和心理问题联系起来，这似乎是一种成见，抛开这个成见不谈，**其实早期体贴的排泄沟通与晚期体贴的便壶训练一样没有危害**，注意我的措辞"体贴"，换言之，早期严格的便壶训练和晚期严格的便壶训练是会有危害的。

安特卫普大学的泌尿学家埃尔斯·巴克（Els Bakker）博士想要知道得更详细，所以她观察了 73 位有膀胱功能障碍的孩子如何控制大小便，并将他们与 67 位健康孩子做对比。结果有些让人惊讶，两组都有不同的训练如厕的方法，功能障碍组的父母进行如厕训练开始得较晚，而且倾向于惩罚，表现得急躁、没耐心。早晚问题虽然有影响，但是体贴与否影响更人。

☆ 老实说，这对我来说太费神了

不用尿布是很费神，这确实是事实，但问题是，养育宝宝就是会费神啊。

按照我的经验，如厕训练与使用尿布相比并没有多出许多工作量，只是另一种不同形式的工作。这可能需要你费一点脑子，比如要对一天的日程作出规划，就像计划宝宝的睡觉和喝奶一样；可能还要考虑一下要随身带着换洗衣服而不是尿布袋。如厕训练主要需要你灵活的脑子，其他就不需要了。

另外，使用尿布的父母也只是把费神的实际工作往后推了几年而已。也许有的宝宝会有一天无声无息地学会如厕，但是大多数的孩子不会。可怕的是很多孩子直到童年时期都还没有学会，五六岁的孩子晚上还需要戴着尿布，这种情况也很普遍。所以你会发现，即使在我们平静的小城市，尿布都有适用于八到十五岁儿童的。

我并不是想要描绘可怕的景象吓唬人，而只是想要说明，如果把训练如厕这件事推迟到儿童阶段，那么会变得更不容易，甚至有研究证实了这一点。英国布里斯托大学的卡罗尔·乔因森（Carol Joinson）进行了一项这样的研究。她研究了幼儿发育的风险因素，她和几位同事观察了 8000 位年龄在四岁半到九岁的英国儿童的成长过程，发现如厕能力和开始训练如厕能力的年龄之间存在某种关系，在 24 个月之后才开始训练的孩子有很大的可能性会出现控制膀胱障碍。

另一项是比利时的埃尔斯·巴克博士的研究。她向 4332 位小学生的父母分发了调查问卷，在问卷中她调查了孩子学会如厕的时间和方法。她的研究结果也表明，越晚开始如厕训练，孩子出现膀胱控制障碍的可能性就会越大，尤其是急着排泄的孩子更容易出现问题。在巴克博士的另一项研究中，她点明了未进行如厕训练与尿路感染之间的关系。如果我们观察这些科学数据，会发现其实由于我们的延宕导致了很多如厕方面的问题。

抛开各种各样的研究，从个人角度来看，我觉得在这个阶段费些神是更为合理的。当我的孩子和我开始互相独立地存在时，再进行如厕训练，应该会更艰难。

就像围绕在孩子身边的其他很多事情一样，你是宁愿选择现在费点神，还是把它们往后拖一拖呢？

☆ 宝宝不应该为他们的排泄所累，他们还有很多要学的东西

前文提过雷默·拉尔戈描写的**"典型的哭喊"**，如果没有反应，它就会在几周之后消失，劳里·布克把这个时期称为第一次**"机会之窗"**。雷默·拉尔戈的瑞士同胞瑞塔·梅赛尔也观察到，婴儿在三到四个月之间是对如厕很敏感的阶段。她甚至进行了一项囊括了所有训练方法的科学研究，最后她的结论是，在第一次敏感期期间父母越早和孩子开始沟通排泄，事情就会越容易。由此瑞塔·梅赛尔认为，不使用尿布可以"促进天然的发展步伐"。

这也完全符合我自己的观察。在宝宝还小的时候，关于他们身体的感觉以及如何在重力作用下运行等方面的问题，他们要学习的还有很多。对他们来说，等在他们热情高涨的时候，将肚子里的轰隆声和一个他释放的地点联系起来并不难。相反，等他们大了之后，也许发现了自己的想法，他们将很少还会有兴趣再去玩这些紧张的游戏。

☆ 我觉得这不够尊重孩子，婴儿就应该是婴儿的样子，尿布就是属于婴儿的东西

"帮宝适"在 20 世纪 70 年代才进入欧洲市场，我想问，尿布怎么就是属于婴儿的东西了。即使是我儿子在他小的时候用过一段时间的"泰迪熊"纸尿布，我也不认为尿布就是属于婴儿的东西。

如果我们跳脱出工业化国家的框架向外看，我们会发现尿布根本不属于婴儿必备的东西。80% 的世界公民不使用那些在我们认为是宝宝需要的、由我们的文化武断地确定下的东西，而且在我们的文化中很多东西是经济利益滋生的。下面的例子可以很好地说明这一点。在中国，宝宝不用尿布是很常见的，中国的宝宝大多穿的是开裆裤。中国每年有超过 1850 万孩子出生（该数字具有时效性），所以如果中国人认识到纸尿布的必要性，那么对"帮宝适"生产商来说，这将是一个多么有吸引力的国度啊！为了挖掘这个潜在的庞大市场，数百人在设计宣传推广方案的时候只有一个目标：为中国的婴儿带去"帮宝适"。

这个目标逐渐成功了，纸尿布渐渐地被认为是现代化的、先进的，而给婴儿把尿则被视为"乡巴佬"的做法。让人遗憾的是，本来中国穿开裆裤的婴儿并不比我们的少。

⑧ 安慰与倾听

你也许会忘记陪你笑的那个人,但是不会忘记陪你哭的那个人。

——哈利勒·纪伯伦

哭的人需要安慰

我表姐的小儿子总是不好好睡觉还哭闹不止，表姐无奈地跟我说："我不行了！"当时的我还没有孩子也没有经验，我对她说："就放任他哭吧，应该会有用的吧。"但是我表姐说她不能这样做，她说宝宝哭并不是为了激怒她，而是一种求救信号，她还引用了某本书中的一句话：**"孩子哭闹，本质上并不是要折磨某人，而是在向你求救。"**

"婴儿在出生的时候必须要透彻灵魂地哭喊"，直到我有了宝宝后，我才真正读懂了这句话的深意。宝宝一旦哭闹，一定表示他正深陷困境，所以每次我的儿子哭的时候，我的警报系统就会高度警惕，然后把他抱在怀里轻轻拍打并安慰他，直到他停止哭喊。

☆ 十二周的时候就好了

这个说法我不止一次听过，我也一直对此深信不疑，直到我的儿子在十二周、十三周甚至十四周大的时候还是会在晚上不停地哭闹，我才开始正视这个问题。

你上一次绝望到哭泣是什么时候？对我来说虽然有一段时间了，但是我还清楚地记得当时的感受。我的整个身体因为哭泣而颤抖不已，我一直在战栗，整个人不受控制般绝望地大哭，甚至连我家的狗都不安地走来走去。后来我哭得眼泪都干了，整个人筋疲力尽。我发现哭泣很累人，非常非常累，这种感受特别重要，因为这有助于你理解宝贝的哭闹。人类不是自古以来就生活富足的，我们也经历过艰难的生存时期。其实在历史长河的大部分时期里人类都在因为生活能源的匮乏而精打细算着。石器时代的婴儿哭闹很显然只是因为他饿了，肚子里没有东西了。没有婴儿是自愿哭的，哭泣是一种求救的信号，婴儿不会没有缘由地哭闹。

新生儿科学家和关系研究专家马沙尔·克劳斯博士甚至认为，一个和他的母亲建立了内部联系的孩子几乎不需要哭泣，据他称，哭泣是陷于困境之中的一种"不自然的、反常的、没有沟通的"表达形式，**"与那些跟母亲分离的宝宝相比，和母亲皮肤贴皮肤接触的宝宝很少哭闹，他们呼吸得更轻而且感觉更温暖"**。

当我的宝宝哭的时候，我应该怎么做

一般来说，宝宝生命初期越放松，他不哭闹的可能性就越大，所以，孕期和出生时的不良状况更容易导致宝宝在第一个月哭闹。

每当我试图安慰我哭闹的儿子的时候，我总会想起我的闺密比阿特丽斯的话。经过了顺利的孕期之后，她在家里生下了她的儿子。她跟我描述道："从他出生那天笑的那一下开始，他的每一次笑容都像无价的礼物。"

我的儿子经常哭，这都源于他的基本生活诉求，如安抚、亲近或肚子没有得到满足，也有的时候是因为他想要嘘嘘。在这个时候尽量满足他，他就没有哭闹的必要了。

马沙尔·克劳斯也是同样的观点，他认为哭泣是一种不自然的交流形式，在我们的社会，几乎所有的婴儿都是因为这样或那样的原因哭泣，因为肚子痛，因为长牙了……

哭泣本身并不糟糕，只要父母不要在宝宝痛苦的时候让他一个人应对。你可以用"飞行员姿势"（宝宝的小肚子抵在你的小臂处）抱着他；也可以让宝宝和妈妈皮肤与皮肤接触或紧紧依偎在爸爸身上；或者把宝宝放到婴儿背带里；或者让宝宝和爸爸或妈妈一起待在温暖的浴缸里……这些举措都会对宝宝产生安抚的作用。

☆ 如果宝宝哭了，会发生什么

宝宝伤心的话，他体内的激素系统会陷入混乱，在紧张有压力的情况下就无法实现自我调控。你是否还记得我在压力应对机制部分是怎样说的？如果父母没有帮着宝宝平静下来，他的机制会出现错误，之后大脑对压力的应对也会不协调，从而导致分泌过多皮质醇（从而引起恐慌和抑郁）或分泌过少的皮质醇（也就是**"低应答"**，表现为情绪上的冷漠和攻击性）。

如果猴宝宝哭了，猴妈妈会怎么做呢？在科学观察中，如果猴妈妈在她的猴宝宝哭闹的时候置之不理，会被动物学家视为行为障碍。这一点很耐人寻味，我们不认同猴妈妈无视孩子的行为，但是人类的婴儿哭泣无人应答，我们却会觉得这很正常。难道这是"双标"？

让我们置身于热带雨林，那里是人类上千年进程的发源地之一，我们在黑猩猩宝宝、1920 年出生的宝宝以及 2014 出年生的欧洲宝宝中分别选出一位，然后在热带丛林里找一处干净的、干燥的地方，把上述三位宝宝放到那里然后离开。当然这只是假设，因为现实生活中无论是黑猩猩妈妈，还是狩猎时期的妈妈，抑或是现代的妈妈都不会这么做，因为那里实在太危险了。热带雨林里的蛇、狮子或者有毒的昆虫，任何一种都会危及孩子的安全。

假定我们这么做了，那宝宝会如何反应呢？虽然他们并没有肚子疼也没有冒牙，但是他们还是会哭，因为宝宝在呼喊："嘿，你是不是忘了什么，把我带上！"

我们再继续假设一下，我们把宝宝放下之后，对于宝宝的哭喊仍然不作任何反应，这种情况下我们的宝宝会觉得可能妈妈没听见，然后他会更加大声地向我们哭喊，如果就算这样我们还是没有出现并把他抱起来，慢慢地，他的哭声会变得微弱。直到他确定妈妈不会再出现了，他才会停止哭泣。因为哭泣不仅辛苦还很危险，宝宝必须保存体力，提高自己在没有妈妈的情况下的存活机会，他还要尽量安静不动，防止引来狮子和蛇的攻击。

有的宝宝就是非哭不可

"亚当太不可思议了，"当我看到闺密汉娜十三岁的儿子体贴地照看着他的小妹妹和几个六岁的孩子时，不禁感叹道，"他真的是一个很特别的男孩。""谢谢，"汉娜回答道，"但是弗瑞德也很棒。"因为我十一岁的儿子弗瑞德在和亚当一起照顾六岁的小朋友。

我脸上还挂着身为母亲的自豪的微笑，因为我觉得她说得很对，弗瑞德是一个很棒的孩子。"我也觉得，亚当是一个很棒的孩子，"她说，"我想这可能是因为在他小的时候，我们经常会倾听他的想法。他可以哭，我们也会听他的诉求。"

噢，我想着，就像每个妈妈都觉得自己的孩子是世界上最棒的那一个一样，我也欣赏着我的儿子，但是我好像从来没有想过，将他的这种非凡的伟大，与他小时候我们倾听他讲述苦恼这件事联系起来，但是没准真的是这样呢？当我意识到这件事情的时候，我才想起来他还是婴儿的时候确实哭了很多次，我们也确实一直在倾听他的想法。

　　时间回到我儿子刚出生的时候，和他相处的第一周让人着迷也很美好，但同时也很艰难。我们尽我们最大的努力与他相处，但是似乎还是不够，我们的宝宝还是会哭闹，白天哭，晚上也哭。我对此感到烦躁，为了让宝宝生活得舒适，我们已经做了所有能做的事情，我们紧紧抱着他，给他哺乳，时刻照看着他，保证他舒适干爽……做了这么多，他到底还有什么需求没有被满足？

　　我觉得不可思议，我觉得为了能让他在这个世界上尽量过得好一点，我已经做了在我能力范围内的所有事情，但是问题还是没有解决。直到有一天我跟我朋友卡杜拉在儿童书店偶遇的时候，我跟她讲了我们不愉快的夜晚，她向我建议："你可以读一下阿莱莎·索特的《宝贝为什么会哭泣》。"刚好我所在的书店与卡杜拉建议的书店离得不远，听了她的建议之后，我立马动身去读这本书。

　　关于索特女士写的内容我并不是都赞同，但是其中的一些建议确实给了我启发，在那天晚上我领悟到了一些我之前忽略的地方，比如，我们可以换个角度想，虽然父母们总是希望能给孩子提供一个完全能满足其需求的环境，但是在我们这个文明的社会，没有人能真正做到这一点，但这也没有关系，因为婴儿都是有适应能力的。

　　书中提到，有些孩子有时候就是单纯地想哭而不想安静下来，我们的儿子就是这些孩子中的一个。他总是能够很清楚地告诉我们他的想法，比如他不想喝奶，他也不想以飞行员的姿势被抱着走来走去，他不想安静下来，他就想哭。渐渐地，我才发觉，我的儿子的这种做法是完全健康的。

婴儿治疗学家弗兰茨·恩格利（Franz Renggli）也指出，宝宝能够表达他们的痛苦是很难得的："你可以想象一下，如果在心理治疗实践中，治疗医生对于病人的哭泣无动于衷，那么这通常会被认为是治疗失当，一般称职的医生会因为病人的悲痛很小心地陪在病人身边，给他流眼泪的空间和自由，给病人他长期寻求的安全感。这种情况同样适用于婴儿，婴儿的眼泪和愤怒的哭喊都不应该被叫停，他的这种悲伤和恼怒都是他受伤释放的表达。"

在理解了我的儿子之后，我和我的丈夫更耐心地呵护我们的儿子，我们确保他吃饱穿暖、身体干爽，确保他有足够的新鲜空气，白天不过多打扰他，在他睡觉的时候陪在他身边，在他哭的时候耐心倾听他的需求，有时会出声安抚，向他表示"我知道"或"我理解你"。

三个月甚至六个月过后，宝贝还是哭闹，但是我们早已学会了如何处理这种情况。

如果宝宝的哭声响起，我就会给他喂奶，虽然大多数时候他都不想喝奶；在他一哭再哭的时候，我们中一个人会坐下把他放到臂弯里抱着他、爱抚他，陪在他身边倾听他。一开始他会在白天哭闹一到两个小时，有压力的时候甚至会更久，但十个月大的时候即使晚上他也很少哭闹，即便哭闹也很快就会在爸爸的臂弯里睡着。

如今他成为一个沉着冷静的孩子，变得非常难以捉摸，这是否就像我的朋友汉娜说的那样,与我们倾听他哭有关系?

哭闹的宝宝(Schreibaby)

大多数宝宝都会哭闹,我们习惯把这种经常哭闹的宝宝称为"哭闹的宝宝"("Schreibabys")。这种宝宝需要满足如下条件:

- ☑ 一周至少有三天哭闹
- ☑ 每次哭闹不会超过三个小时
- ☑ 哭闹的情况经常发生而且会持续三个礼拜或更长时间

你的宝宝是否符合上述定义不会有什么实质性的区别,但如果宝宝总是哭,对父母来说会很辛苦,如果你觉得坚持不了,你可以去相关的门诊部寻求帮助。

为什么有的宝宝要哭

父母的经验表明,婴儿哭闹有各种各样的原因。如果他是出于基本的生理需求,这很好理解,但有时并不是这样的,孩子的哭闹可以有身体上和心理上的原因。你可以先从身体原因入手,因为身体原因有时候很容易排除。

身体原因主要有以下几条:

出生时椎骨受到挤压

你最好为宝宝找专业的整骨医生,该医生最好是由可靠的朋友推荐的。

呼吸道、耳朵、尿路感染或是发炎

可以通过哺乳预防；

如果情况严重（比如说你的宝宝耳朵发痒的情况增多）你绝对应该背他去看医生。

消化障碍、便秘、胀气

可以通过哺乳预防，不使用尿布也可以有效缓解，另外在婴儿背带里背着宝宝也会有帮助；

如果你选择哺乳，要注意你吃的东西，牛奶和麸质一般是始作俑者。

屁屁受伤、皮炎

不使用尿布会很有帮助；

让宝宝的屁屁多接触空气，如情况允许，可以小心地轻擦一些母乳。

可能的心理原因有以下几条：

出生时的心理创伤

使用一些辅助手段，比如，整骨疗法或气功疗法，身体治疗以及有针对性地按摩，皮肤接触，一起洗澡；

倾听宝宝的声音。

家庭中的矛盾或担忧

解决相应的矛盾；

倾听宝宝的声音。

母亲的产后抑郁（或父亲的——这也是有可能的）

向相关的成年人寻求帮助，给孩子找可以信赖的第二关系人；

倾听宝宝的声音。

过度刺激

不要带宝宝去吵闹嘈杂的地方，也不要带他看电视或者收听收音机，可以用婴儿背带带着宝宝悠闲地去安静的公园溜达一下；

倾听宝宝的声音。

"互动压力"

你和你的宝宝有时会有误解，这是不可避免的。有些敏感的宝宝会对此感到有压力。这一切你其实无力改变，但是可以尽量灵敏一点，认真倾听宝宝的声音。

☆ 神奇的按钮

吹风机的声音或行驶中的汽车发出的声音可以帮助很多宝宝变得安静，这就是"白噪声"（指功率谱密度在整个频域内均匀分布的噪声）。

☆ 橡胶奶嘴

就像哺乳、用婴儿背带以及其他问题一样，关于橡胶奶嘴一定也会有口舌之争，正所谓"仁者见仁，智者见智"，所以不必理会。

就我个人而言，我不喜欢橡胶奶嘴，因为我觉得，它看起来很无聊，而且我觉得让宝宝一直使用橡胶奶嘴可能会出现错颌畸形，甚至增加患中耳炎的概率。说实话，在大多数情况下支持或反对使用橡胶奶嘴关系不大。但我偏向不使用橡胶奶嘴，我认为对喝母乳的孩子来说橡胶奶嘴很多余，原因如下：

第一，如果宝宝是喝母乳，那他的嘴部肌肉就必须按照某种特定的方式活动，而用橡胶奶嘴时嘴的活动方式是另外一种。也就是说,如果还没有"定性"的宝宝,使用橡胶奶嘴会受到吮吸误导,导致在哺乳的情况下让妈妈受伤。

第二,让宝宝接触塑料,甚至吮吸塑料,我并不觉得这是个好主意。

第三,橡胶奶嘴会让本来要说话表达的宝宝安静下来,特别是那些经历过不美好的生产过程的宝宝,不应该用橡胶奶嘴堵住他们要表达痛苦的途径。如果宝宝在把奶嘴吐出来后,又一次次地被堵住嘴巴,他们可能会觉得"我知道妈妈的意思了,我要说的事情是不值得听的"。

是的,但是……

☆ 在他哭的时候,我想要安慰他,我想要他停止哭泣

宝贝哭的时候,安慰总是第一选择,但是你的宝宝是否停止哭泣,决定权并不在你手上。安慰不奏效的话,倾听也是一个不错的主意,而且在宝宝以后的生命中,总有你不能为其解决的困难和不能为其减轻的痛苦。你可以拥抱他,陪着他并对他说:"我一直在你身边,我理解你的痛苦,不要担心,我 直陪着你。"

☆ "宝宝一定会哭"的这个观点我并不赞同，
我的孩子就很乖，我想若能够理解孩子，
一切都会很顺利

这只是个别情况，有安静的孩子，就会有吵闹的孩子，有高兴的孩子，就会有不满意的孩子，而且甚至有的孩子白天兴高采烈，到了晚上就会各种折腾。

所以对于这种特别的孩子，相关的成年人要认真照看他们并且要理解他们。

☆ 我如果不给孩子奶嘴，
他就会吸手指，这不是更糟糕吗

宝宝都是不一样的，有的宝宝尽管母乳已经喝饱了但还是需要吮吸，但是在大多数情况下，足够的皮肤接触后，宝宝对橡胶奶嘴和拇指的需求不会很大。当然也有例外，比如奶瓶喂养的宝宝就不是这样，给奶瓶喂养的孩子提供奶嘴，只是因为在很大程度上奶瓶不能满足宝宝无聊时吮吸的要求。另外，宝宝在妈妈胸部发炎不能哺乳的时候，也可能需要橡胶奶嘴。

⑨ 辅助父母

"基于现有的证据,科学家认为,对孩子幼年时期的投资是最重要的投资,它可以在时间的进程中让一个国家受益数倍。"

——世界卫生组织

他需要一个村庄

在加利福尼亚的时候,我们住在海边,那是我第一次这么直观地感受太平洋的海浪。它与北海的海浪不同,北海的海浪是短促的,而太平洋的海浪阵线很长,巨大的海浪同时向海岸席卷而来,持续的时间也长。就在这蓝绿色的海浪下居住着海豚一家,它们并不是定居在那里,也许它们要比人类聪明一点,因为它们不会一直在一个猎区捕猎直到没有猎物。再往北一点的海湾住着一群海狮,再往北边一点大约距海滩五十米的地方我还看到了灰鲸。灰鲸是很有趣的动物,鲸妈妈在墨西哥生下鲸宝宝,然后鲸妈妈和鲸宝宝会独自游到阿拉斯加,并在那儿度过食物充足的夏天,之后它们会再返回墨西哥。在它们向北迁徙的过程中,鲸妈妈会给鲸宝宝哺乳并陪着它们穿越太平洋。鲸妈妈几乎不吃东西,而且它身边也没有同伴,这对于它来说完全正常。

人类的情况则与动物不太一样。我的宝宝两三岁了,我很享受和他在一起的时光。我们白天很惬意地出去游荡,我们会去附近的树林散步,出去采摘野樱桃或是去房东的向日葵地里玩耍,这是一段美好的时光,但是我们还是很孤单。为了摆脱孤单,我们会在提前规划好的基础上与朋友一起骑行远足。我和我的丈夫可以把孩子放到自行车的拖车里,然后悠闲地上路,在路上突然心血来潮,我们会在附近村落的生态小店里喝一杯咖啡,孩子则在院子里玩耍,这是一幅多么美好的画面。

有时候我的妈妈会过来陪我们几个小时或几天。妈妈的到来会让我轻松很多,她会和我的儿子一起玩,她会陪我的儿子在沙发上用枕头搭船，或者带他到商店里花几个小时买苹果和梨，夏天也会和小朋友去儿童戏水池玩耍。除了妈妈，我还从村庄里找来一个小姑娘，她每周至少来照看一次孩子。有了她们的帮助，我和我最爱的儿子在一起的同时也可以工作，我可以抽空写点东西或是出去走走，找找灵感。另外，由于哺乳的原因，我体内的催乳素丰富，催乳素的提神功能远甚于咖啡，所以即使是夜晚我也可以精力充沛地写作。不仅是我，我的儿子也在与她们相处的过程中得到了许多。

大约十年前，当时对于托儿所的讨论和接受的热度还没有今天这么高，也没有育儿津贴的相关概念，所有的事情都要父母亲力亲为，父母必定要为孩子费时费力，当时我和我的丈夫想出了一个适合我们的解决方法。因为他有一份他喜欢的而且待遇很好的工作，而我的工作虽然同样待遇很好，却不是我喜欢的。所以我们经过商量决定，我在家照看孩子顺便写书，我的丈夫负责赚钱养家，这个方法让我们两个人各得其乐。

我讲这个小插曲并不是想要说明"以前的一切都更好"，我只是想感叹，不同时代的观念转变得多么快。

> 价值观是相对的，每对父母都要从自身的实际出发，思考下列问题：
>
> 我们照料我们的孩子，是因为我们屈从于（至少在西方相对新鲜的）社会压力，还是我们单纯地想照料？
> ——我们两个人现在的学业或工作真的重要吗？
> ——我们两个人有没有可能减少上班时间？
> ——两个人中只有一个人外出工作可行吗？
> ——从规划和经济两个角度考虑，一个人照顾孩子是否可行？

对两个人来说，如何照顾孩子的解决方法不是唯一的，照顾孩子也不是简单的照顾，很显然，一周照顾五个小时与二十五个小时也不一样。

人类妈妈不会单纯地跟宝宝待在三居室里哪儿也不去，什么也不做，我们不是灰鲸，宝宝和妈妈两个人不可能脱离社会独处太久，当然也不能穿越宽阔的太平洋。人类爸爸在此期间也不会什么都不做，毕竟我们与其他的灵长目动物一样都是社会性动物。

其他动物怎么做

我们的灵长目近亲是怎样照看孩子的？

黑猩猩宝宝从出生开始就被黑猩猩妈妈抱着，黑猩猩妈妈给宝宝哺乳，和宝宝一起睡在洞穴里。当黑猩猩宝宝可以自己活动的时候，它会自己外出行动，但是最后会回到妈妈身边并让妈妈抱着它。黑猩猩妈妈不允许别的猩猩抱它的宝宝，只在少数情况下，才允许其他家庭成员抱它的孩子。

听完我的描述，我想待在家里照看宝宝的妈妈们一定会像我一样激动地说："看到了吧？我就说妈妈才是对宝宝最好的存在。"少安勿躁，请你再随我了解一下黑叶猴的情况。

母黑叶猴一生都会待在它出生的群体中，和它的姨妈、它的母系祖母、它的姐妹、它的母亲、它的表姐妹一起照顾它的宝宝，也就是说，黑叶猴宝宝从它出生那天起就会在这些亲属的轮流照看下长大，尽管它们的基本联系人是母亲，但是它们只有一半的时间是跟母亲在一起的。

现在外出工作赚钱养家的那位家长一定会高兴地说:"一起照顾宝宝的情况也很明朗,不是吗?""与黑叶猴相比,黑猩猩和我们人类更相近。"在家照顾宝宝的妈妈们据理力争地反驳道。

那么,我们再参考一下另一个种族,他们不仅与我们相似,而且与我们在上万年前做的事情一样,我们还是很熟悉这个种群的生活方式的——我们来看一下狩猎采集社会的种族是怎样处理照看后代这件事情的。

比如说布须曼人。布须曼人是生活在纳米比亚的一个原住民族,直到20世纪中期他们还保留着数万年来的生活方式。布须曼人的婴儿和妈妈一起睡,而且每天大多数时间都是被妈妈用一块布背着,宝宝长大一点之后他会和妈妈的整个社交网接触。比如,妈妈站着的时候宝宝会和十一二岁的小姑娘逗趣儿,如果妈妈坐在篝火旁,宝宝会被轮流照看、安抚。综合来看,布须曼人的宝宝大约只有四分之一的时间不是和妈妈在一起。

还有生活在刚果原始森林里的狩猎采集的民族——俾格米人,该民族的宝宝在出生的时候会有多个助产士,并且在宝宝出生后,除了母亲还会有别的女性照顾他,无论这位相关的女性有没有乳汁,宝宝都可以吮吸她的胸。到了晚上宝宝和妈妈一起睡。

参考上述几个土著民族,我们可以得出一点结论:人类有很强的适应能力,换句话说,**适合我们的模式不是只有一种**。沙拉·布来弗·赫尔迪,一位退休了的人类学教授,终其一生都在研究什么对人类才是最自然的,她现在和她的丈夫生活在北加州的一个农场里种植桃核,尽管如此她还是抽出时间回答了我的"对人类妈妈和宝宝来说最自然的状态是什么样的?"问题。"这个问题我可以简单地用一句话回答你,"莎拉·布莱弗·赫尔迪回答道,"妈妈们需要大量的'辅助父母'的帮助。"就像她在她的书《母亲和其他人》中写到的那样，这是一种从天性出发的**"协作抚养方式"**。

这对我们来说意味着什么呢？这意味着，人类的妈妈和宝宝不用单独待在三居室里面面相觑，也不会彼此分开很久，互相没有接触的可能。"自从人类存在开始，母亲就要劳作，母亲需要依靠别人来养大她们的后代。"莎拉写道。但这种帮助并不是说让宝宝在一个完全陌生的人身边待数个小时，而是让孩子在熟悉的人身边，处在熟悉的环境中被照顾，或者让孩子和妈妈、爸爸或奶奶在家。总之，人类是适应力很强的一种生物。

你们可以从中选择适合你们和你们家人的方案，通常来说这意味着你们找到了自己的折中方案。也许你事后会后悔：如果我没有放弃我的工作就好了！或是如果我当时能多拿出一点时间给我的孩子，该多好啊！两种情况都不糟糕，你的生活是你选择的样子，小孩子不会因为让步而变坏，解决方案也总是因人而异的。

比如说，你可以像娜丁那样做，她和她的丈夫以及两个孩子住在德国北部的一个小村庄的大庭院里，比邻而居的是她的公婆，这样父母和祖父母会一起分担照顾孩子的重担。也可以像我的好朋友诺拉一样，她给她的小女儿找了一位月嫂，在一段小心翼翼的适应期后，这位月嫂就成了真正的"辅助父母"，她会用背带背着孩子到处走走，还会时刻注意孩子的各种需求。或者也可以像我的邻居缇娜一样，她的儿子在一岁的时候就很开心地去托儿所了。当然也可以像我们家一样，那时我简直是极度宠爱我的儿子，我很愿意做那个听他说第一句话、看他翻第一个跟头、经历他幼年时期许多第一次的那个人。当然也是因为根本没有他想去的托儿所，所以我就让他待在我身边了。为此我结束了我的职场生涯，但是我不后悔，直到如今我还很喜欢和他在一起。

自古典时期开始,国家都会对照顾孩子的方式进行干预,这也都是出于意识形态、经济、社会或宗教等方面的目的,所以并不能说,哪一种目前政策提倡的方式对某个家庭一定是正确的。另外,对于社会中"母亲"的角色的看待角度不同,"正确的"照顾孩子的方式也会相应发生改变,所以,你要选择自己的方式。

选择自己的方式的时候,有两个原则是你应该要遵循的,那就是在家照顾孩子的成员(一般情况下是母亲)需要足够的交流和帮助,而且由于这种照顾要比实际的托儿所等机构付出得更多,对看管人的情绪状态也有要求,你要时刻保持清醒警觉,而且要与你的孩子保持沟通。

> "即将迎来分娩的母亲,在大多数情况下都需要有人陪着她等待,或者在生下宝宝之后也需要人帮助照料孩子,所以看护者的选择对宝宝的舒适感至关重要。老式保姆的那些经验并不会成为优势,因为她们大多会固执地坚持她们的偏见和习惯,然后经常借着她们的经验之谈对新手妈妈进行操控和误导。与她们相反,一位性格好、爱宝宝的小姑娘更容易成为好的保姆。最简单且最好的方式是在中产阶级的家庭中,尚未结婚的成人小姑娘帮助妈妈分担照顾宝宝的事情。"
>
> ——阿道尔夫·孟轲
> 《妈妈的书》

莎拉·布莱弗·赫尔迪认为:"培养一个孩子需要一个村庄的努力。"这句谚语是正确的,只是通常情况下我们并没有村庄。

既然说到照顾孩子,就不得不提一个机构:托儿所。很多人觉得托儿所是最好的折中方式,但是我不这么认为,因为基本很难找到真正适合幼儿的托儿所。

我们再回想一下布须曼人和坐在篝火旁的俾格米人,每一个在那个民族里和小孩子玩耍的人,无论是为小孩子唱歌的人还是安抚小孩子的人,都是和他有一定的关系的,也就是说每个人都认识这位小孩子,每个人都是其母亲社交系统的一部分。

> 德国雷根斯堡大学著名的发展心理学家卡琳·格罗斯曼博士将孩子与看护者之间的社交网络总结为以下三点:
> 1. 特定的人照顾特定的小孩子;此外有一部分人还会照顾别的孩子。
> 2. 亲属和邻居大多都与这个家庭有着广泛的社会关系,而不仅是局限在照顾孩子方面。
> 3. 帮助的成效经常建立在相互的基础上,孩子跟照顾他的人之间的联系也会存在于看护之外,而这种联系一般会持续很多年。

另外,格罗斯曼认为托儿所这样的机构是与上述"这种社交网络相背离的。在这种机构中一大群同龄的孩子只由几个职业的教育者照顾,而这些教育者大多并不属于家庭的社交网络,而且这些教育者无论在日常照顾的时长上,还是在教育者的工作方面都有局限性"。

就像联系领域的教父约翰·鲍比的儿子理查德·鲍比描述的那样,对于孩子来说这意味着追求二次联系是不会有成效的。大多在托儿所的孩子只有一个教育者,而很多托儿所的人员调动、人员更改都是家常便饭,这些孩子比正常情况下的孩子更容易陷入紧张焦虑的境地,相应地也会分泌更多的皮质醇(一种压力激素),只有当全部的相关人员加以响应并对此状况敏感警觉时，孩子们才能战胜这种境地。

如果是在村庄里，小朋友从出生起就已经认识照顾他的人，也有可能早在母胎里就认识了，这样的话他就不需要适应的过程。比如，特罗德阿姨已经是他生命里的人，她很温暖，与她相处让人觉得舒服，那么她也可以有效缓解孩子的痛苦，妈妈在身边的时候，她已经很好地证明了这一点。而且就算她没有成功，她也会立刻把孩子带去妈妈身边，然后由妈妈缓解孩子的痛苦，这个过程对孩子是完全无害的。在这样的背景下，孩子与固定的二次联系人在一起，他就有机会积极地寻找母亲（或是要求寻找母亲），他也不会有压力，他的身体可以一直保持放松。

科学是这样说的

当然，研究看护这个主题的人除了你、我、萨拉·布莱弗·赫尔迪和卡琳·格罗斯曼，还大有人在，大量的科学家对此都有研究。关于此主题的最大的一项研究，是"国家儿童保健和人类生育研究所对看护的研究"，这是一项针对美国一千个家庭的长期研究。

☆ 国家儿童保健和人类生育研究所的研究

从1991年开始，国家儿童保健和人类生育研究所对处于不同看护情况下的新生儿进行了成长记录，该记录主要从认知的发育、语言功能的发育、社会行为和健康情况等方面入手，当然他们的父母和看护者也会被调查，同时会测量评估陌生人看护的频率和质量。参与的科学家们设计了一系列的目标：他们想知道，早期的看护是否会对孩子产生影响、产生怎样的影响以及看护中需要注意什么。后来，科学家们用这些实验的结论发表了一百余篇科学文章。

简单来说，实验结论是，由妈妈照顾的孩子和全天待在托儿所或是由保姆看护的孩子之间没有本质上的区别。"但是这种说法是建立在非父母的看护能够满足质量标准的基础之上，如果没有这一前提，那么肯定会有差别。"

孩子的舒适感不仅取决于非父母看护者，更取决于看护的质量和孩子的年龄，如果非父母者开始看护的时候，孩子越小或者这种看护的时间越多，孩子出现问题的可能就越大。

家庭情况和妈妈的敏感度也同样至关重要。国家儿童保健和人类生育研究所研究表明，家庭的初始状况越好，一般来说对孩子越好，而敏感的父母为孩子寻找更好的看护的可能性更大。从某种程度来说，相对较差的家庭的初始情况与好的看护的机构的情况对等。但是经证实，好的看护是有帮助的，一般情况下不会对父母和孩子的行为有不利影响。

☆ 另一项研究：维也纳托儿所研究

从 2007 年到 2012 年，维也纳大学的教育科学学院的威尔弗里德·达特勒教授带领团队研究非父母的看护情况，科学家们观察了一百位孩子的适应情况，并对其中十一位进行了深入研究。科学家们发现，即使是小孩子，也必须为顺利地适应环境而做很多事情。他们必须自己主动走向选择的看护人员，因为不被察觉的、暗自不开心的孩子很容易被忽略，但是事实上也恰恰是这些孩子需要最多的关照。"我们得出的一个重要结论就是，必须多注意那些默默承受的孩子，并且要感同身受地理解他们。"达特勒说道。

☆ 不会问的问题

虽然研究很丰富，但是由于每位大人和小孩子都是独特的，所以调查的结果必然不是全面的，有一些问题，即使在大型的、长期的、详细的调查研究中也不会涉及。

孩子总是各种各样的：有的孩子喜欢跟很多人一起玩，也有的孩子比较喜欢独处；有的孩子在托儿所表现得十分调皮，有的孩子可能比较乖巧；有的孩子受到外界的影响很快就会恢复正常，有的却需要帮助；有的孩子可以很好地适应并与人相处，几乎不会退缩，有的孩子却觉得与别人相处很痛苦……

由于孩子的多样性，他们身上的问题自然也是五花八门的，无法以一概全。这些因人而异的问题与个人理想、价值观以及教育目标有关，所以只能由每个家庭自己回答，用心而且理智地回答。我现在能想到的问题有：我希望我的孩子怎么样？他应该在群体中成功坚持吗？我希望他把社会行为作为一种规则记住还是凭自己的感觉？托儿所、保姆、群体让孩子感觉是好还是坏？我晚上需要治愈我的孩子吗？我希望自己怎么做？

☆ 另外一位科学家

为了帮助你们找到这些问题的答案，我想向你们再介绍一位科学家——发展心理学和人类学家瓦斯里斯·弗塞纳基斯教授，他是高品质托儿所看护的支持者，但当他发现自家小朋友在托儿所过得不好的时候，他果断地把孩子接回了家。他表达得很清楚："我们要以独特的眼光看待两岁以内的孩子。"他建议送孩子去看护机构的年龄不能早于八个月，而且必须确保这个机构是一个好的、高品质的机构。

☆ 什么是好的看护

坦白讲，联邦家庭事务部 2012 年的调查结果显示，当时在整个德国，能被专家视为"好的"的托儿所是很少的。

德国儿童协会（DLK）建议托儿所的分配比例应如下所示：
* 一周岁以内的孩子：1:2（也就是一位看护者最多照顾两个孩子，下同）
* 一到两周岁的孩子：1:3
* 两到三岁的孩子：1:5
* 年龄不统一的群体数量及比例应该相应地协调

德国儿童协会建议群体数量应如下所示：

同一年龄组：
* 两岁以下每组最多六个孩子
* 两到三岁的孩子每组最多六个孩子

混合年龄组：
* 每组最多十五个孩子（其中三岁以下的孩子不应多于五个）
* 如果有年龄低于一周岁的孩子：最多十个孩子

如果你觉得小组数量有点夸张，我建议，你回想一下你小侄子的上一个生日，他在生日会上邀请了五个小调皮蛋，到了晚上父母和小寿星公很有可能都累得昏昏欲睡。德国儿童协会建议，为了

小朋友的舒适感考虑，人们的交谈声不应超过噪音临界值，空间也不能太狭窄。因此，在托儿所改建的时候，作为家长的我们也许应该要求划分班级而不是全员在一起。科学家卡琳·格罗斯曼穷其一生都在为此工作，并且她并不认为孩子只有在妈妈身边的时候才快乐。但是她对于现行的法律在托儿所场地问题上的欠缺表示遗憾："孩子的心理问题根本没有得到重视！为什么政治家们从来不向科学家们征求建议？"

采访托儿所看护者萨拉·沙皮

Q：你在很重视联系的托儿所工作，这对适应期的孩子意味着什么？

如今我们知道了，即使孩子没有明显的表现，他们在没有相关人员的陌生的环境中还是很容易陷入紧张焦虑，这会使孩子的免疫系统负担过重，甚至是孩子经常生病的重要诱因。而经常生病会导致孩子总是缺席，从而需要很长的时间才能真正适应托儿所，这一系列连锁反应就像是多米诺骨牌一样，这种现象我们在适应期经常会观察到。

我们在与孩子的相处中会很注重联系的培养，比如说我们会经常背着小朋友。

Q：在你们这里，孩子是怎样适应新环境的？

根据我的观察，孩子要顺利适应新环境，适应期至少需要十五天，孩子们一般一周来托儿所三到四天但不会超过五天，前四天我们不建议父母离开。因为一开始我们需要彼此了解并建立信任基础，这一点对于父母来说也很重要，因为如果父母信任托儿所的相关人员，孩子在托儿所也会过得舒适。

之后，我们会让孩子跟父母短暂分开大约三十分钟，父母们一直在我们便于联系的距离，一旦我们发现，比如说我们不能在适当的时间内安慰好孩子，我们会寻求父母的帮助。

后续的程序因人而异，我们会跟父母具体探讨。

Q：对于你们的工作，父母的反应是什么？

基本上是积极的，在托儿所期间，父母们一开始会担心、不确定，但是随着长期的适应，所有参与的人员都有机会相互了解。

对于很多父母来说，长时间的适应期在经济上无法负担，尤其是我们托儿所，我们要求刚加入的时候就要支付所有的费用，即使孩子一开始可能只需要几个小时的看护。

Q：你们这样工作多长时间了？你觉得独处的孩子和小组中的孩子有区别吗？

我们一直很重视独特的、长期的适应期，在这期间也会十分关注孩子，但是我们同时也经常会遭到父母的误解。自从将我们所做事情的好处和理由被确立进纲领，父母们也更理解了这"高昂的"门票的价值所在。

我认为二者最大的区别在于，小组的孩子很少生病，他们更容易喜欢上托儿所并且早上跟家人告别的时候也更省力。

☆ 保　　姆

拥有保姆的好处在于，在理想的状态下这是一种为你的需求量身打造的、独特的解决方案。足够幸运的话，你可以和她们单独谈论你想要的状态，而她们也会考虑你的教育设想，你们双方对孩子的观点是否协调适合。另外，很多保姆都很开放包容，她们也会用婴儿背带背着小孩子。

有利就有弊，保姆的坏处在于它是一种家庭解决方案。如果保姆生病了，那她就生病了；如果她在度假，那她就在度假。对很多家庭来说，保姆只是一种暂时性的解决办法。

☆ 如果我的孩子去托儿所或是由保姆看护，我要注意什么

首先你要注意他们之间是否能够产生化学反应，看护者是否对孩子体贴入微而且能够感同身受，他们的理念、纲领或许可以说谎，但是你的直觉绝对不会骗你。

尽量给孩子创造一个自然的情景，要让适应期足够长。你可以规划一下，如果你四个周的上午都在那里度过，你就可以第一时间看到看护者和孩子之间的互动并体验那种氛围。而且你的孩子看到你和机构的人员相处得很好，那么他会把这里认可成他的"村庄"，他心里会想着："妈妈和妮娜相互很了解，妮娜人很好，妈妈很信任她，很显然我在那里很安全。"其实最理想的情况就是你的托儿所能够像"柏林适应模式"那样采取轻柔的、缓慢的适应方式，这种模式是科学家们在国际上对联系行为的研究和家庭之外的看护方面的研究的基础上，发展出来的。

除了父母的在场与否，看护孩子的相关人员是否让孩子喜欢也是你的考量标准。如果看护者与孩子之间没有化学反应，那么再好的教育方式也没有用；如果有化学反应，那么即使父母不在，孩子也会把这位看护者当成可靠的第二港湾。这样一位可靠的看护者经常会给孩子留下美好的印象，比如说孩子会把她当成"我的"库尔斯女士，孩子会想着：我是多么的爱她，在我觉得幼儿园过大的时候，她会让我紧紧依偎在她怀里并且温柔地安慰我。

相关研究的发现，母亲离开时越担心，孩子在托儿所就越可能出现问题。同样引人瞩目的是，与孩子联系不可靠的母亲一般会比与孩子联系可靠的母亲表现出更大的分离恐慌，这其实也从另一个角度证明了良好的依恋关系有利于自立。

如果你还是觉得你没有准备好，或者没有合适的机构，那么你可以再等一阵儿或是寻找另一个你觉得可以放心的地方。世界上有这么多美好的人，一定会有你的孩子喜欢且愿意待在他身边的人。

☆ 我怎样才能看出我孩子觉得不错

我要怎样才能看出，我的孩子在这样一个仔细选择的、可以很好适应的机构里感觉不错呢？对此有很多鉴别办法：

- ☑ 孩子很喜欢去托儿所或是愿意跟着保姆，在分别的时候也不哭。
- ☑ 他很喜欢被陌生的相关人员保护照料，比如：喂食、换尿布、把尿。
- ☑ 他玩游戏的时候很积极，有自己的游戏思路且很少"抽离在外"。
- ☑ 他在哭的时候，允许看护者或是保姆安慰。

如果孩子经常抱怨肚子疼或是头疼，那么你要注意了，这可能表明他在看护处过得不开心、不好。孩子还不能明确辨别身体上的疼痛，但是基本法则是：疼痛的部位越接近肚脐，你就越应该认为他是在表达情绪上的焦虑。

是的,但是……

☆ 因为我的孩子去了托儿所,我就得内疚吗

不是的,不应该有人因为这个觉得内疚。如果你注意观察,你的孩子觉得如何,你自己感觉如何,那么你就会开心地选择你自己的道路。

☆ 因为我的孩子在家,我就要内疚吗

不是的,也不应该有人因为这个感到内疚。如果你注意观察,你的孩子觉得如何,你自己感觉如何,那么你就会开心地选择你自己的道路。

☆ 我不想送走我的孩子,只因为我们是一种"合作的培养方式",我就必须送他去机构吗

当然不是,对孩子来说,和爸爸妈妈在一起是最好的,更何况很多父母觉得和孩子待在家里很有趣、很丰富。但是最好的情况是,孩子的身边除爸爸妈妈之外,还有别的成年人和年长的孩子,而且这些人属于孩子成长所处的社会网络,如果是这样,不送孩子去托儿所等机构其实更好。

如果你觉得和孩子在一起比较孤单,还是那句话,你应该注意观察,你的孩子觉得如何,你自己感觉如何,那么你就会开心地选择你自己的道路。

☆ 孩子去托儿所会得到更早的教育，这句话到底有没有得到证明

这很难说。首先我们的研究结果，比如说国家儿童保健和人类生育研究所的研究结果，是与数据统计有关而不是个别情况。其次，在这个数据统计中最容易受益的是家庭状况没有优势却待在完善的看护机构的孩子。最后，在研究可以计量的教育元素（比如词汇、表达、听力理解、数字概念等诸如此类）的时候要一直抱有如下疑问：这种教育方式是我们想要的吗？它对谁有利？它真的对孩子的发育成长有好处吗？它可以让孩子喜欢他所做的事情吗？会让孩子知道他喜欢什么吗？孩子才三岁就要成为"小小研究家"做"科学实验"吗？对小朋友来说简简单单地玩耍、遵循天性和内心的驱使去发现和理解世界，会不会更好呢？玩水是不是比学数学更好？

☆ 孩子不在家里看护，不会有损我们之间的关系吗

我们现在知道了，密切的联系不会因为分离而受损，而是会在中断的地方重新建立。无论怎样，父母都应该对孩子的心理状态保持敏锐的触觉。而且除了与父母之间紧密的联系之外，小孩子也已经有能力在不损害第一联系的前提下继续发展第二联系。在看护机构的上午对很多孩子来说很难熬，他们想回家，也就格外需要安抚、关照。父母经常会发现，从看护机构回来的孩子会带回一些不好的行为习惯，可能有的父母会为此焦虑，变得不友善甚至反应过激。但是仅此而已，除了焦虑他们什么也不做。父母们的不作为一定会让孩子与父母和其他看护人间的联系变得紧张，所以为了从

根源上杜绝这种事情，托儿所、幼儿园、保姆一定要满足适当的标准。

敏感的父母不需要担心你和孩子之间的联系受损，你可以尝试进一步增进联系。

☆ 我觉得不舒服，自己应付不来，但是我们这儿也没有好的保姆和托儿所，亲朋好友也没有合适的怎么办

万能的解决办法是相信你的孩子。你的孩子在保姆身边或在托儿所里，一定会觉得开心，也许以这种方式，你会发现新的角度……

☆ 我找的托儿所还真没有听说过什么缓慢的适应，我要说些什么吗

在德国，托儿所既没有义务，也没有相关的法律防止孩子出现联系漏洞，但是你却有权利决定你的孩子待在托儿所的时间。你可以自行选择搜索引擎并查找关于"柏林适应模式"的相关信息。

父母与附加父母之间亲切友善的关系是对孩子有好处的

与附加父母之间的联系需要时间和安全感

看护孩子因家庭而异

老奶奶可以帮忙照看孩子

3

希望你旅途愉快

如果我们想要在世界上得到真正的满足，就从孩子开始吧。

——圣雄甘地

我合上电脑，停止了写作。

我不禁扪心自问：我把要说的都说了吗？如果年轻时的自己读过这些条款，我会不会一开始就在有些事情上更有把握一点呢？我把重要的事情都跟你们分享了吗？

我希望你回答"是的"。我希望，我能给你的孩子带来一点安全感和愉悦感，因为这会让我很有成就感。你可以从这本书中选择你喜欢的版块，并以此构建你自己独一无二的家庭国度。令人庆幸的是，这个国度是处在变化中的，所以你每天都可以重新审视宠爱版块的内容与实际情况是否相符，并重新修正整合你选择的宠爱内容。请你理智地、清醒地、勇敢地、敏锐地走自己的路，如果你倾听自己内心的声音，你就不会错。

与此同时，你甚至还可以为下一代做些事情。

如果父母倾听孩子的声音，那么这种做法可以激荡出有力的、积极的感动，这种感动不仅不会中断，经年之后还会给家庭带来更多的力量，毕竟在这个世界上，只有孩子才会让父母每天都超越自己。为了孩子，父母勇于面对自己内心的胆怯，勇于质疑他们的岳母、岳丈或公婆；为了孩子的快乐，他们可以创办森林幼儿园、自由的学校和家庭办公室；为了孩子，他们也可以质疑传统的习惯并为双方的关系寻求更好的途径。所有的这一切都源于父母想要尽量满足孩子的需求。当孩子的第一原始需求得到满足之后，他们就不会穷其一生徒劳地追寻，就像我们这一代以及我们之前的几代人一样，毫无意义地、不加估计地生产和消耗。

我的梦想是所有的孩子从一开始就在满足和安全的环境中成长，我希望我们能够共同创建一个新的社会，一个繁荣的、有着集体精神的、对后代负责的社会。

我想象的这个"世界"中，孩子们能够得到爱和体面，大家会群策群力地帮助为人父母者满足孩子的需求，并且为他们提供陪伴家人的机会。在这样的社会中，孩子们会感觉到：我在被爱着，我很安全，生活对我很好，地球供养、支撑着我，这是一个美好的地方。然后就会有越来越多的孩子长大，并从他们的自身出发，将地球建成一个更好的地方。

这个"世界"的开端已经能够看得见了，我想，她一定会很好很好。

请爱她吧！

鸣　　谢

在我们为人父母的时候会出现很多人，他们让我们获益匪浅，并对我们帮助良多。对我来说，首先要感谢的当然是我的父母和姐妹，感谢你们的爱，给了我的孩子一个美好的童年！我尤其要感谢我的妈妈，在我建立自己家庭的时候，她给我提供了很多有价值的建议。感谢你，妈妈，你一直在我身边，充满活力、耐心和爱心。我相信，在天上的你一定能够收到我的感谢。

很多人在我的过渡时期对我影响深远，他们可能并不是我熟悉的人，而且他们自己可能也没有意识到这一点。其中弗里德里克·布拉德菲斯就是这样一位，没有他，很多事情就不会发生。弗莱迪，如果你当时没有提到"连续网络"，我们就不会开始把尿，我也永远不会遇上志同道合的组织，不会认识志同道合的妈妈们。我就不会质疑一些问题，不会写下我的第一本书《有安全感的宝宝》，不会认识尼古拉，也就不会进一步向妈妈们介绍不用尿布的好处。这一切都是因为一篇文章——一篇你发表在网上、很有说服力的文章。

我还要感谢瑞塔·梅斯梅尔，虽然我不赞成你的书《你知道如何培养孩子的自信和独立吗？》里的所有观点，但是书中仍然有很多方面让我深思，并且在与我的孩子相处的过程中不断得到验证。我想，我们什么时候或许可以一起去滑雪。

同样地，我还要感谢劳里·布克，你的《婴儿如厕训练》一书一度陪伴了我数周，并不断地给我惊喜和力量。亲爱的，感谢你多年的友情。

尼古拉·施密特，我的好朋友以及多年的同路人，我很享受和你一起工作的日子，你总是能把我们的工作进一步精细改善，没有你就没有现在的我，非常感谢。

另外，我还要感谢直接参与这本书的苏·葛哈特、詹姆斯·麦肯纳、丽达·帕尔姆和米歇尔·奥当，虽然他们不会读到这本书。苏、丽达、吉姆还有赫伯特·伦茨-珀斯特，你们所有人都很乐意回答我的问题，对该项目给予了莫大的支持。感谢！

我还要感谢我的闺密卡特琳·海格曼的付出，主要是感谢我们的友谊。和你在一起，我总是很快乐，自由的灵魂是罕见的，但是很庆幸我还是见到了。

同样万分感谢萨拉·沙皮对这本书和对整个世界的贡献。

当然我还要感谢贝尔茨出版社这个团队，他们对本书的封面、标题以及内容进行讨论并给予帮助。其中非常了不起的编辑塔里克·明希，是她让我的书更加优美动人，我已经开始期待我们的下一次合作了。

我最感谢的是我的家人、我的丈夫和我的儿子，感谢你们的存在。我从你们身上得到了很多灵感和素材，无论是同德国还是在加利福尼亚的海边。

还有你们，亲爱的读者朋友们，我同样感谢。感谢你们对我的厚爱，也感谢你们勇敢地创建自己的家庭，感谢你们勇于质疑传统并遵循自己的内心，对我来说，没有比这更好的礼物了。